성공은
경쟁
하지
않는다

성공은 경쟁하지 않는다

초판 1쇄 인쇄 2018년 7월 10일
초판 1쇄 발행 2018년 7월 20일

지은이 조철선

펴낸곳 (주)전략시티
펴낸이 조철선
출판 신고 2003년 12월 23일 제 2017-000024호
주소 서울 동대문구 장한로22길 7, 406호
전화 070-4070-0139 **팩스** 02-2213-0139
이메일 books@strategycity.net **홈페이지** www.strategycity.net
블로그 blog.naver.com/strategycity **페이스북** www.facebook.com/strategycity

ISBN 978-89-98199-26-5 03320
값 14,800원

* 잘못된 책은 구입하신 곳에서 바꿔드립니다.

전략시티는 세상에 도움이 되는 지혜를 전합니다.

세상의 변화가
요구하는
새로운 시선

성공은 경쟁하지 않는다

조철선 지음

전략시티

인생은 곱셈이다. 어떤 기회가 와도
내가 제로면 아무 의미가 없다.
_ 나카무라 미츠루

자신이 해야 할 일을 결정하는 사람은
세상에 단 한 사람, 오직 나 자신뿐이다.
_ 오손 웰스

머리말

경쟁, 성공, 이를 바라보는 새로운 시선

어느 날 고등학교를 다니는 큰 딸이 뜬금없이 내게 물었다.

"아빠, 이렇게만 살아야 하는 걸까? 이런 내가 정말 싫어."

"갑자기 무슨 말이야, 그게?"

"이번 중간고사에서 나보다 못했던 친구가 성적이 올랐어. 걔는 이번 시험을 잘 보려고 정말 죽기 살기로 공부했거든. 그걸 아니까 진심으로 축하해주고 싶었어. 그런데 하지 못하겠더라. 걔로 인해 내 성적이 떨어져야 한다는 현실 때문에. 친구의 성공도 진심으로 축하해주지 못하는 내가 정말 싫어."

이런 말에 아내는 지금이 얼마나 중요한 시기인데 그 무슨 나약한 소리냐며 화를 냈지만, 울먹이는 딸애의 목소리가 귓가를 떠나지 않는다. 남을 짓밟기 위해 살아간다는 사실이 참을 수 없는 역겨움으로 다가온다. 남도 잘되고 나도 잘되는 길이 어딘가엔 분명 있을 텐데, 삶을 메마르게 하는 경쟁의 굴레가 사랑하는 내 가족들까지 옥죄고 있다.

팔꿈치 사회

산양들이 무리 지어 한가로이 풀을 뜯고 있다. 무리가 많다 보니 이내 풀들이 남아나지 않아, 산양들은 풀이 있는 곳으로 이동하기 시작한다. 그런데 앞서 가는 산양들이 풀을 먹고 지나가면 뒤따르는 산양들은 뜯을 풀이 없게 된다. 그러다 보니 뒤를 쫓는 산양들은 조금이라도 풀을 뜯어먹기 위해 한 발이라도 앞서가려 경쟁한다. 그럼 앞에 가던 산양들 역시 뒤쳐지지 않으려 빨리 걷기 시작한다.

앞서 가던 산양들이 달려 가면, 뒤따르던 산양들도 빠르게 추격한다. 맹수의 습격이 두려워 대열을 떠나지 않으려 하기 때문이다. 결국 무리 전체는 점점 빨라지게 되고, 어느새 모두가 전력 질주를 하게 된다.

처음에는 조금이라도 풀을 더 많이 먹으려 했지만, 나중에는 왜 뛰어야 하는지도 모르는 채 무작정 달리기만 한다. 오로지 뛰는 것만이 목적이 되어 앞으로만 돌진한다. 이렇듯 전력 질주하는 산양 무리는 절벽에 다다르더라도 멈출 수 없다. 뒤따르던 산양들의 밀어 부치는 힘에 대부분의 산양들은 속절없이 낭떠러지로 떨어져 죽는다.

이것이 바로 아프리카 산양 스프링복springbok이 벌이는 죽음의 행진이다. 맹수가 두려워 무리를 떠나기는 싫고 남보다 더 많은 풀을 뜯어 먹고 싶은 욕망, 그 경쟁심이 부른 공멸인 셈이다.

역시 어리석은 짐승이라 생각할지 모른다. 우리네 삶을 돌아보면 그렇게 자신할 수만은 없다. 자랑스러운 대한민국은 무한경쟁이 지배하는 헬조선이 되어버린 지 오래.

20여 년 전만 해도 이렇게까지 각박하진 않았다. 발전하기 위해선 경쟁도 당연히 필요한 거라 여겼다. 잘 살아보겠다는 욕망은 치열한 경쟁으로 이어져 성장을 견인했다. 혹여 경쟁에서 패하더라도 성장의 과실을 어느 정도 향유할 수 있었기에 그리 큰 문제가 되지 않았다.

하지만 달콤했던 고도 성장기는 과거의 추억이 되어 버렸다. 풍요로움과 함께 장기 저성장 시대가 펼쳐진 것이다. 이제 함께 향유할 성장의 과실은 어디에도 없다. 내가 살려면 남의 떡을 빼앗는 수밖에 없다. 그것도 계속해서 남의 떡을 빼앗아야만 한다.

그 결과 우리는 옆 사람을 팔꿈치로 쳐야만 앞으로 나아갈 수 있는 팔꿈치 사회에 살게 되었다. 도태되지 않기 위해 온갖 몸부림을 쳐야 하는 사회, 대다수가 패배자로 전락할 수밖에 없음에도 선택의 여지도 없이 경쟁의 소용돌이에 휘말리는 승자 독식 사회가 되어버렸다.

승자를 질투하고 패자를 멸시하는 불신 관계는 사회 결속력을 와해시키는 결과를 낳았다. 승자는 승자대로 언제 패자로 전락할지 모른다는 불안감에, 패자는 패자대로 재기할 수 없다는 절망감에 사로잡혀 있다. 경쟁의 대열을 이탈하지 않으려 죽기 살기로 뛰어간다. 죽음의 행진을 벌이는 스프링복처럼.

경쟁의 배신

역사상 가장 거대했던 아일랜드 큰뿔사슴은 현재 멸종되어 볼 수 없다고 한다. 큰 뿔을 자랑하던 그들이 사라진 건 아이러니하게도 그 뿔 때문이었다. 수컷들은 암컷을 차지하기 위해 뿔 경쟁을 벌였다. 더 큰 뿔을 지닌 사슴들은 승리해 번식을 독차지하게 되었고, 시간이 갈수록 뿔의 크기는 커져만 갔다. 키는 2미터 정도인데 뿔은 3.5미터까지 되기도 했다.

문제는 그 큰 뿔을 유지하기가 쉽지 않다는 데 있었다. 뿔 무게를 감당하기도 벅찼을 뿐만 아니라 큰 뿔을 유지하기 위해 영양분도 상당히 소모해야 했다. 이동하는 데에도 제약이 따랐으며, 환경 변화와 같은 위험 대처 능력도 저하될 수밖에 없었다. 결국 경쟁 승리의 상징이었던 큰 뿔이 생존을 위협하는 부메랑으로 돌아왔다. 이기고도 지는, 바보 같은 경쟁의 결과였다.

어려운 길이지만 승자만 되면 부와 명성을 누릴 수 있다고 유혹한다. 그런데 이기기만 하면 정말로 성공할 수 있을까? 승리했다 해도 또 다른 경쟁이 끝없이 기다리고 있다면 언젠간 실패와 좌절이 찾아오지 않을까? 큰뿔사슴처럼 경쟁에선 이겼지만 패배하고 마는 잘못된 방향으로 가고 있는 건 아닐까?

10여 년 전 SK 시절의 지인들과 술자리를 함께하다가 충격적인 애기를 들었다. SK 그룹에서 잘나가던 모 임원이 투신 자살했다는 것이다. 초창기 사업부가 제자리를 잡지 못해 힘든 시절을 보내다 경영 환경의 호조로 실적이 오르는 통에 상무로 전격 승진했던 터였다. 그랬던 그가 투신 자살에 이르게 된 건 갑작스러운 경영 악화로 상무에서 해임된다는 통보 때문이었다. 얼마나 힘들었으면 그런 결정을 내려야만 했을까? 어렵사리 올라간 사다리이건만 하루아침에 내려와야 한다니, 하늘이 무너지는 심경이었으리라.

그의 심정을 모를 리 없지만, 안타까움이 드는 건 어쩔 수 없다. 승진에 승진을 거듭해 기업의 별이라는 임원까지 올라갔건만, 그 끝은 참담했다. 끝없는 경쟁의 끝은 이미 그렇게 정해져 있는지 모른다.

오로지 경쟁 승리만을 추구하는 삶 속에서 패배는 곧 죽음으로 다가온다. 이번에 승리한다 해도 다음에 패배하면 끝이다. 끝이 보이지 않는 경쟁의 터널이 우리를 지치게 만든다. 팽팽한 긴장감만이 주위를 맴돌고, 행복은 언제나 저 너머에 있다.

왜 이렇게 힘들게 살아야만 하는 걸까? 얼마나 힘든지 강변하는 사람은 많지만, 정작 왜 이렇게 힘들어야 하는지 그 원인을 파고드는 이는 많지 않다. 팍팍한 삶을 이어가는 우리에게 그런 생각놀이는 사치로 느껴질지도 모른다. 하지만 이 고난의 원인을 제대로 직시해야 해결책이 나올 수 있음은 당신도 이미 짐작하고 있다.

이처럼 살아도 괜찮은 걸까? 항상 쫓기듯이 내몰리며 여기까지 왔는

데, 앞으로도 평생 이렇게 살아야 할까? 경쟁을 하지 않고도 성공할 수 있는 길이 어딘가에 있지 않을까?

달라진 성공의 길

 게임만 좋아하던 고졸 출신의 평범한 30대 회사원이 퇴직 후 1인 미디어계의 유재석으로 불리울 정도로 성공가도를 달리고 있다. 게임기를 사주지 않자 게임 잡지를 보며 상상 게임을 할 정도로 게임에 미쳤던 그는 대학 진학을 포기하고 백수로 살던 시절 게임에만 빠져 지냈다. 어른들에겐 한심한 청년으로 보였던 그가 2010년 첫 방송 이후 8년이 지난 지금 유튜브 채널 구독자가 170만 명, 연 17억 원의 광고 수익을 올리는 유튜브 크리에이터 대표 주자로 발돋움했다. 바로 '대도서관'이라 불리는 나동현 엉클대도 대표 이야기다.

 그의 성공은 경쟁력과는 무관하다. 학창 시절 성적이 뛰어나지도, 명문대를 나오지도 못했다. 부모의 재력이나 주위의 도움조차 없었다. 그랬던 그가 성공하게 된 이유는 경쟁 너머로 자기만의 길을 개척했다는 데에서 찾을 수 있다. 게임에 미친 그에게 스토리텔링을 가미한 게임 방송은 적성에 딱 맞았다. 실제로 그는 2010년 첫 방송으로 전쟁 게임 '문명V'를 진행하면서 평생 재미있게 할 수 있는 일이라는 확신이 들었다고 한다. 장장 4시간이나 쉬지 않고 떠들며 했는데도 지치기는커녕 오히려 더더욱 신이 나서 했으니까.

성적에는 관심 없고 오로지 딴짓만 하는 아이, 게임에만 빠져 공부와는 담쌓은 아이, 하지 말라는 짓만 골라서 하는 아이를 보면 뭐라 할까? 혀를 끌끌 차며 '커서 뭐가 될까'라고 걱정을 가장한 비난의 말을 날릴 것이다. 프라 모델에 미친 대학생, 영화에만 빠져 백수로 사는 청년, 호기심이 많아 위험한 짓도 서슴없이 하는 아저씨, 패션이나 화장하는 데 모든 것을 투자하는 여인, 하루 종일 춤추고도 또 춤추고 싶어 하는 그 녀석. 이들을 보는 시선 역시 마찬가지다. 가야 할 경쟁의 길에서 벗어난 패배자들일 뿐이다.

하지만 이제 성공 방정식이 달라졌다. 오히려 이런 이들이 성공을 거머쥐고 있다. 저질스럽게 춤을 춰도, 온종일 화장만 해도, 프라 모델에만 미쳐도 성공하는 시대가 되었다. 명문대를 나오지 않아도, 의사나 변호사가 아니더라도, 대기업에 다니지 않더라도 승승장구하고 있다. 한정된 파이를 두고 조금이라도 더 차지하려는 경쟁은 모두를 패자로 만들지만, 어디에도 없던 새로운 길은 성공을 창출한다. 성공하고 싶다면 경쟁을 통해 남의 것을 빼앗기보다는 새로운 기회를 만들어가야 하지 않을까?

새로운 시선

익숙한 경쟁 습관에서 벗어나기란 쉽지 않다. 어릴 적부터 아로새겨진 경쟁 의식은 맑은 물에 떨어진 빨간 물감처럼 우리네 삶에 스며들어 하루를 지배한다. 점심 시간 종이 울리기 무섭게 구내 식당을 뛰어 들어가 어떻게든 제일 앞에 서야 직성이 풀린다. 오랜만에 만난 친구의 성공한 모습에 우울함이 몰려오고, 동료의 승진 소식에 영혼 없는 박수를 친다. 나를 추월하는 차를 보면 다시 추월해야만 무참히 짓밟힌 자존심을 추스를 수 있다. 옆집 남편보다 나은 구석이 조금이라도 있어야 토라진 아내를 진정시킬 수 있다. 목숨과도 바꿀 만큼 사랑스러운 딸애가 초라한 성적표를 들고 오면 부모를 반납하고 싶은 마음뿐이다.

경쟁은 우리네 삶에 생채기를 낸다. 때론 삶의 끈을 놓아버리고 싶을 만큼 커다란 생채기를 내기도 한다. 뒤쳐지면 안 된다는 불안감을 안고 사는 삶은 고즈넉한 별빛을 안주 삼아 마시는 한 잔의 여유와는 거리가 멀다. 차라리 경쟁의 길에서 벗어나 성공을 포기하는 대신 현재를 즐기며 사는 삶을 꿈꾸고 싶을지 모른다.

'저 포도는 신 포도'라며 회피해야만 할까? 여기 좋은 소식이 있다. 경쟁과 성공을 이분법적으로 바라보지 않아도 된다. 변화된 세상은 경쟁하는 길에서 성공을 빼앗아 경쟁하지 않는 길에 살포시 놓아 두었다. 하고 싶은 일을 하며 자기만의 길을 가는 것이 오히려 성공하는 시대가 되었다.

새 시대가 열렸다고 저절로 성공하는 건 아니다. 진정 성공하고 싶다면 경쟁하지 않을 용기가 필요하다. 세상의 잘못된 시선에 맞춰 경쟁의 링에 올라서기보다는 당당하게 경쟁하지 않는 길, 자기가 원하는 길을 가야 한다. 낯선 길이 두려움으로 다가올지라도 한 발 앞으로 내딛자. 새로움은 포기와 함께 찾아오는 법이다. 한 번뿐인 인생 한 조각 용기를 내면, 한 걸음 앞으로 나아갈 수 있다.

따사로운 햇살이 슬며시 찾아오는 아침부터 아름다운 노을이 휴식을 권하는 저녁까지 자신만의 삶을 걸어가자. 하늘을 홀로 이고 우뚝 서 있는 산 정상의 한 그루 나무처럼 자신의 운명을 스스로 만들어가자. 파도처럼 넘실거리며 다가오는 삶을 오롯이 즐기며 도도하게 타고 가자. 너울거리는 삶의 흔적을 자기만의 길로 완성해나가는 건 우리에게 주어진 권리이자 의무다.

그런데도 경쟁에 익숙한 사람들로선 경쟁 없는 성공은 이해할 수 없는 일이다. 경쟁하지 않는 길에 성공이 놓여 있다고 주장하는 근거는 뭘까? 어떻게 해야 경쟁하지 않는 길을 가며 성공을 거머쥘 수 있을까? 자기만의 길을 가며 진정한 삶의 행복을 찾으려면 어디서부터 시작해야 할까? 그 해답은 그리 멀지 않은 곳에 있다.

뿌연 밤안개처럼 내려앉아 우리네 삶을 비틀고 있는 현실 속에 자신만의 삶을 그려 나가는 여정을 시작해보자.

< 목 차 >

7 머리말 경쟁, 성공, 이를 바라보는 새로운 시선

1장 피 말리는 경쟁에서 벗어나 평안을 추구한다고?

23 참을 수 없는 경쟁의 무거움
성장할 길이 막혀버렸다 | 한 번만 실패해도 인생의 패배자 | 반칙과 부정, 갑질이 난무하는 세상 | 무너진 사회 결속력

38 욜로, 노멀크러시는 진정한 해결책이 아니다
경쟁하지 않는 당신은 낙오자 | 욜로와 노멀크러시, 소확행 | 밥 먹을 땐 밥만 먹고, 잠잘 땐 잠만 자라 | 성공을 포기하는 삶, 그리고 신 포도

49 '경쟁하지 않는 삶'을 그리는 이유
피 말리는 무한경쟁이 드리운 폐해 | 이제 성공은 경쟁하지 않는 길에 놓여 있다

2장 당신이 알고 있는 경쟁은 틀렸다

59 경쟁 욕구는 거역할 수 없는 본능일까?
자연은 경쟁만이 지배하는 곳이 아니다 | 자연 선택을 오해하는 사람들 | 본능이라고 무조건 인정해야 하는 건 아니다

67 인류는 정말 경쟁을 통해 발전했을까?

인간은 협력을 추구하는 사회적 동물이다 | 인류는 협력을 통해 발전해왔다 | 경쟁 지향적인 미국 자본주의의 진실

78 경쟁은 언제나 최고의 성과를 창출할까?

과잉 경쟁은 오히려 성과를 저해한다 | 적절한 경쟁도 내적 동기보다 못하다 | 승리만을 갈구하는 경쟁은 독이 된다 | 상대 평가의 함정

3장 성공의 길이라 믿었던 경쟁의 배신

95 경쟁적인 사람이 더 크게 성공한다고?

사회적 성공 요소로 살펴본 경쟁의 배신 | '경쟁 승리가 성공'이라는 믿음은 이미 사라졌다 | 저성장이 불러온 승자의 저주

106 경쟁에서 이겨도 결국 패자가 되는 기업들

추락과 성장의 갈림길 | 한계에 다다른 경쟁 전략 | 위대한 기업은 경쟁하지 않는다

117 비경쟁 사회가 잘 나가는 이유

북유럽 국가들의 성공 비결 | 동구권의 몰락에서 경쟁 없는 사회의 민낯을 보다? | 무한경쟁 앞에 낙수 효과는 없다

4장 경쟁하지 않는 성공의 길

131 경쟁하지 않는 길이 열리고 있다
인재상이 바뀌고 있다 | 이제 세상은 아웃사이더를 반긴다 |
다양성이 만드는 기회

146 삼박자가 맞아야 성공할 수 있다
인생을 걸고 열정을 불사를 일을 찾자 | 색다른 독특함이 필요하다 |
울퉁불퉁 골목길을 탄탄대로로 만드는 법

165 경쟁을 넘어 성공을 향해 달려가는 사람들
강형욱 | 윤태호 | 서명숙 | 설민석 | 박이추 | 김훈이 | 임요환 |
허팝과 이사배 | 김선영 | 싸이

5장 경쟁하지 않을 용기

197 '남보다 잘해야 성공한다'는 헛소리를 무시하자
세상이 강요하는 관념의 무게 | 자신을 목적으로 대하자 |
결과를 받아들일 마음가짐도 중요하다

208 경쟁하지 않는 길은 현명한 포기를 원한다
포기할 줄 알아야 성공할 수 있다 | 현명하게 포기하는 법 |
길은 하루아침에 만들어지지 않는다

220 사람들은 자신의 길을 가는 이를 응원한다

스티브 잡스의 성공 비결 | 성공하려면 이타적인 사람이 되어야만 한다고? | 똑똑한 이기주의자로 살아가자

6장 경쟁하지 않는 삶은 후회를 남기지 않는다

233 우리가 만들어 갈 미래

해 뜨기 전 새벽이 가장 어둡다 | 경쟁을 지양하는 교육 시스템 | 경쟁을 강요하지 않는 사회

247 선장이 되고 싶은가, 선원이 되고 싶은가?

경쟁하는 길에 행복은 없다 | 운명이 이끄는 길 | 진정 원하는 길은 후회를 남기지 않는다

258 맺음말 경쟁을 버려야 성공이 보인다
265 참고 문헌

1장

피말리는 경쟁에서 벗어나 평안을 추구한다고?

어제와 똑같은 오늘을 보내면서 더 나은 내일을 기대하는 건
정신병 초기 증상이다.
_ 알버트 아인슈타인

참을 수 없는 경쟁의 무거움

1984년 닥터 로버트 골드만Robert Goldman은 198명의 엘리트 선수들에게 다음과 같은 질문을 던졌다. "약물 검사에서 발각되지 않고 금메달을 보장해주는 약물이 있다. 그런데 이 약물을 먹으면 5년 후 부작용으로 사망한다. 당신은 이 약을 먹겠는가?" 이에 선수들 중 52%가 먹겠다고 답했다고 한다. 그 후로도 10년 동안 2년마다 이 설문을 반복했는데, 그때마다 결과는 동일했다.

무려 52%나 선택했다니 도저히 믿기 힘든, 아니 믿기 싫은 결과다. 삶의 끝에 서 있는 죽음을 잡을 만큼 승리에 집착하는 모습이 어리석어 보일지 모르지만, 지금의 우리를 보면 그저 남의 일만은 아니다. 이미 우리 사회도 수단과 방법을 가리지 않고 이기려는 풍조로 깊이 물들어 있다. 저성장이 장기화되며 상대를 쓰러뜨리지 않으면 자신이 도태될 수밖에 없는 제로섬 경쟁을 벌여야 하는 슬픈 우리들의 모습과 다를 바 없다.

성장할 길이 막혀버렸다

전쟁의 폐허에서 이룬 한강의 기적은 우리에게 자신감을 심어줬다. 90년대 말 IMF 위기를 겪으며 잠깐 주춤하긴 했지만, 오뚝이처럼 이내 다시 일어섰다. 우리 마음속엔 언제나 고속 성장의 기대감이 자리했다. 하지만 그 기대감은 성장률의 추락과 함께 정권의 무능함에 대한 비난으로 돌변했다. 5%를 밑도는 순간 진보 정권의 무능함을, 3%대로 추락하자 보수 정권의 무능함을 탓했다.

그런데 단순히 무능한 정치권을 탓하기엔 그 뿌리가 훨씬 더 깊다는 데 문제의 심각성이 도사리고 있다. 건국 이래 처음으로 맞이하는 구조적인 문제에서 야기된 근본적인 저성장이기 때문이다. 이는 어떤 정권이 들어서더라도 지금의 장기 저성장 국면을 돌이키기가 쉽지 않음을 뜻한다.

먼저 저출산 고령화는 생산 가능 인구의 축소와 함께 수요의 부족을 불러와 경제를 압박하고 있다. 데이비드 콜먼David Coleman 옥스퍼드대 교수는 저출산으로 지구촌에서 사라지는 최초의 국가로 대한민국을 지목했다고 한다. 우리나라는 2001년부터 17년째 출산율이 1.3명 이하인 초저출산 상태에서 벗어나지 못하고 있다. 고령화 역시 OECD 회원국들 중에서 가장 빠른 속도로 달리고 있다. 세계에서 가장 빠르게 늙어가는 우리나라는 2020년이 되면 65세 이상 고령 인구가 전체의 15.6%, 2026년에는 20%를 차지하는 초고령사회가 될 것으로 예측되었다. 더 큰 문제는 저출산 고령화의 저주가 이제 시작이라는 점이다. 생산 가능 인구가 1995년부터 감소한 일본과 달리 우리는 지금부터 감소하기 시작했으니, 향후 저출산 고령화 문제가 한국판 '잃어버린 20년'을 부를 가능성이 높다.

부의 양극화도 문제다. 빠른 속도로 진행되는 부의 양극화도 내수 소비를 잔뜩 위축시키고 있다. 이미 만족한 사람과 구매할 수 없는 사람으로 양분된 부익부 빈익빈 구조로 구매력 부족이 해소될 기미가 보이지 않기 때문이다. 양극화 속도 역시 너무나 빠르게 진전되고 있다. 실제로 상위 10%의 소득 비중이 1995년 29%에서 2016년 48%로 급격하게 높아졌다고 한다. 조물주 위에 건물주가 있다는 말이 틀린 건 아니다. 이렇듯 빠른 속도로 소득 불평등이 심화되자 OECD는 대한민국을 양극화가 심화되고 있는 나라로, IMF는 아시아 최대 불평등 국가로 거론하기도 했다.

이런 부의 양극화는 고용 여건의 악화와도 맞물려 있다. 고용 없는 성장이 세계적인 추세라고는 하지만, 유독 우리나라에서 들불처럼 번지고 있다. 경쟁력을 강화하기 위해선 희생이 필요하다는 사고방식이 사회 저변에 퍼져 있기 때문이다. 청년 실업은 사회 문제로 대두될 만큼 심각하다. 고용의 질 역시 마찬가지다. 2015년 들어 저임금 근로자 비중은 23.7%를 기록하며 OECD 평균인 16.4%를 크게 웃돌았다. 최저 임금 이하 근로자 비중도 14.7%로 OECD 회원국들 중에서 가장 높았다. 비정규직 현황 역시 암울하기는 매한가지다. 2015년 현재 비정규직은 600만 명이 넘으며 전체의 32.5%를 차지해 OECD 평균인 11.8%보다 훨씬 높았다.

게다가 팍팍한 삶을 쥐어짜는 부채 증가도 미래까지 암울하게 만들 핵심 요인으로 부상했다. 특히 가계 부채 문제는 금융 전문가들이 우려할 정도다. 2007년 665조 원 수준이던 가계 부채는 2018년 초에 무려 1,500조 원을 넘어서며, 10년 만에 800조 원 이상 늘어났다. 상황이 이러하다 보니 무디스는 대한민국이 가처분소득 대비 가계 부채 비율이 세계에서 가장 높다고 지적하며 그 위험성을 경고했으며, 맥킨지 역시 대한민국을 '세계 7대 가계 부채 위험국'으로 꼽았다.

결국 지금의 저성장 기조는 당분간 지속될 게 분명하다. 아니, 남북통일과 같은 대전환이 발생하지 않는 이상 장기적으로 대한민국을 짓누를 게 분명하다. 저출산 고령화는 당장 해결할 수 있는 문제가 아니다. 부의 양극화와 고용 여건 역시 저성장 기조에 머무르는 글로벌 경제의 무역 전쟁 양상과 맞물려 해결하기 어려운 영역으로 들어섰다. 과다한 부채의 압박은 점점 더 미래를 불안하게 만들 공산이 크다.

그로 인해 대한민국을 사는 우리들이 성장할 길은 점점 더 좁아지고 있다. 고도 성장을 하던 과거에는 누구에게나 성장의 길이 열려 있었다. 승자가 못되더라도 경제 성장의 과실을 향유할 기회가 많았다. 공부를 못해도 부동산 부자가 되거나 창업해 사장님 소리를 들을 수도 있었다. 중소기업에 입사해도 기업이 잘되는 바람에 동창회에 나가 큰소리 치기도 했다.

하지만 지금은 그럴 기회가 사라졌다. 경제 자체가 성장하지 않으니, 나눌 과실도 당연히 없다. 성공하려면 남의 떡을 빼앗아야만 한다지만, 악착같이 지키려는 걸 뺏는 게 그리 쉬울까? 결국 강한 승자 몇몇만이 기울어진 운동장에서 과실을 몽땅 차지하는 방향으로 흐를 수밖에 없다. 승자 독식 사회에선 일등만이 인정받는다.

의사, 한의사, 변호사 등 성공의 상징이던 전문직 종사자들도 파산 신청을 하는 시대다. 서울중앙지방법원에 따르면 2009년부터 5년간 파산으로 일반회생을 신청한 사람들 중에 전문직 종사자의 비율이 무려 41.3%에 달했다고 한다. 이제 의사나 변호사도 1등이 아니면 살아남을 수 없다.

"은메달을 딴 게 아니라 금메달을 놓친 겁니다." 1996년 나이키 광고에서 미국 최고의 여자농구 선수 리사 레슬리Lisa Leslie가 한 말이 화제가 된 것도 외면하고 싶지만 그게 진짜 현실이기 때문이다.

그러다 보니 우리는 유일하게 남은 승자가 되는 길에 모든 것을 건다. 유치원부터 경쟁이다. 명문중학교를 거쳐 특목고를 들어가야 한다. 특목고에 들어가면 명문대에 가야 하고, 명문대를 졸업해도 대기업에 들어가지 않으면 의미가 없다. 대기업에 들어가도 부장이 되야 하고, 부장이 되면 상무가 되어야 한다. 일생이란 기나긴 마라톤을 100미터 달리기 하듯이 전력 질주해야 한다. 그 사이 한 번이라도 삐끗하면 끝이다. 변호사로 개업해도 다른 변호사들과의 경쟁에서 승리해야 한다.

아무리 달려도 결승선이 없는 경주처럼 느껴지지 않는가? 그 기나긴 무한경쟁을 한 번도 실패하지 않고 통과해야 비로소 아주 조금 남은 달콤한 승자의 자리에 오를 수 있다.

한 번만 실패해도 인생의 패배자

1% 승자가 되는 길은 숨쉬기조차 힘든 에베레스트 산 정상에 올라가듯 험난한 가시밭길이다. 하루도 편할 날이 없다. 새벽부터 밤 늦도록 공부에 매진해야 하고, 사회에 나가서는 죽도록 일만 해야 한다. 아니, 일만 잘한다고 성공하는 건 아니다. 인맥 관리에 사내 정치까지 신경 써야 할 것도 많다. 이 모두 잘해야 가능하다. 불광불급不狂不及, 미치지 않으면 미치지 못한다고 했다. 자신의 모든 것을 걸고 미친 듯이 노력해야만 한다.

물론 에베레스트 정상에 올라설 수만 있다면, 얻게 될 과실은 힘들었던 과정을 충분히 보상하고도 남는다. 그럼 모든 것을 걸고 승부수를 던질 가치가 있지 않을까? 그런데 간과한 문제가 하나 있다. 노력이 결과로 이어지는 건 아니라는 점이다. 경쟁력을 갖추는 것만으로는 부족하다.

"야, 넌 좋겠다. 그분 따라 다니다니. 좀 있으면 금의환향하겠네."

서울대를 졸업하고 SK를 다니던 젊은 시절엔 성공을 의심하지 않았다. 언제나 꽃길을 걸어왔기에, SK에서 차기 사장 후보로까지 거론되던 한 임원과 함께했기에 앞으로도 장밋빛 미래만 펼쳐질 줄 알았다. 하지만 미래는 뜻대로 진행되지 않았다. 그 임원이 오너와 분쟁을 일으켜 해임되자, 내 미래도 뿌옇게 흐려지기 시작했다. 햇빛 라인 타고 잘 나가던 직원에서 낙동강 오리알 신세로 전락한 것이다. 우여곡절 끝에 교보문고 기획실장으로 다시 성공의 길로 가는 듯 했지만, 또다시 상사 리스크가 발목을 잡았다. 그렇게 추락하자, 회복은 불가능해졌다. 창업의 꿈을 펼쳐 지금에 이르긴 했지만, 월급쟁이로서의 성공은 이미 종친 셈이었다.

승자가 되는 길은 운이 따라야 가능하다. 옛말에 운칠기삼運七技三이라고 했다. 성패는 운이 7할, 기량이 3할 좌우한다는 뜻이다. 요즘엔 한 술 더 떠 운구기일運九技一이라고도 한다. 노력만도 버거운데 운까지 있어야 한다니 힘 빠지는 소리 같겠지만, 그게 현실이다. 에베레스트가 미소를 띄우며 허락하지 않으면 제아무리 뛰어난 산악 전문가도 정상에 오를 수 없듯이, 하늘이 길을 열어주지 않으면 어쩔 도리가 없다. 언제나 최선을 다하는 게 인간이지만, 그 결과는 하늘만이 안다.

게다가 누구나 가끔씩 실수를 한다. 잘나가다 악재를 만나기도 한다. 이유가 어떻든 넘어지면 그걸로 끝이다. 에베레스트야 이번에 못 올라가면 다음에 다시 준비해 도전하면 되지만, 1% 승자가 되는 길은 그것마저도 허용하지 않는다.

이미 승자의 자리를 굳힌 금수저를 따라갈 수 있을까? 당신이 아무리 돈을 벌어도 그들이 버는 빌딩 임대료만 못한 게 현실이다. 이미 그랜저를 타고 저만치 앞서가는 이들을 자전거로 추월한다는 생각 자체가 불쌍하다 못해 안쓰럽다.

그랜저를 타고 저만치 앞서가는 이들에게도 숙제가 남아 있다. 미친 듯이 질주하는 페라리나 포르쉐와의 경쟁에서 이겨야 한다. 패배한다면 그길로 수직 하락할 게 뻔하다. 그러다 보니 공부를 잘해 좋은 대학에 들어가도, 대기업에 입사해도 언젠가 패배자로 전락할지 모른다는 불안감이 떠나질 않는다. 완벽하게 승자의 자리를 구축하기 전까진 한 번 1등 했다고 영원히 1등이 아니다.

무한경쟁은 마치 점점 난이도가 높아지는 문제를 연속해서 푸는 프로그램 같다. 갈수록 태산이다. 언제 끝날지 도무지 알 수 없는 경쟁의 사다리에 행복은 저 멀리 내일의 몫으로 남을 수밖에 없다.

이런 불안감은 사회 곳곳에서 느껴진다. 숨 막히는 일상에서 잠시 벗어나 해외 여행을 즐기는 우리네 모습에서 그 초라한 현실과 만난다. 며칠 동안만이라도 바쁜 일과로 지나쳤던 일상의 행복을 느끼는 여유는 기대하긴 어렵다. 숲 속을 유영하는 바람과 졸졸졸 흐르는 물소리, 나뭇잎들 사이로 뛰어다니는 다람쥐는 관심 밖이다. 유명 관광지를 먼저 봐야만 직성이 풀린다. 풍경과 문화를 음미하며 그네들의 삶을 반추하기보다는 빨리 도장 찍고 다른 관광지를 방문하기에 바쁘다. 멋진 리조트에서의 이국적인 식사를 앞에 두고도 마치 전투하듯이 해치우고는 밖으로 나가려 한다. 누구보다 빨리 해야 한다는 경쟁 관념 속에 일상의 행복이 앉을 자리는 어디에도 없다.

패배자가 될지 모른다는 불안감에 쫓겨 사는 삶, 어느 누구도 믿지 못한 채 남들을 딛고 일어서야 성공하는 삶, 보란 듯이 성공했음에도 정작 자신은 행복을 누리지 못하는 삶. 무한경쟁이 그린 우리 삶의 자화상이다.

반칙과 부정, 갑질이 난무하는 세상

무한경쟁이 대한민국을 함께 사는 사회가 아니라 죽고 죽이는 전쟁터로 만들었다. 전쟁터엔 룰이 낄 데가 없다. 생사가 걸린 전투에서 상대에게 관대하게 대하며 정정당당하게 승부를 벌이라고 요구할 수 있을까? 적군에게 죽음을 당할지언정 공정하게 싸우라고 말할 장수는 없다.

그러다 보니 너도나도 반칙과 부정, 불법을 일삼는다. 여기에는 죄수의 딜레마도 작용된다. 모두가 지름길을 가는 마당에 나만 한가롭게 규칙을 지키고 있다면 패배자가 될 게 뻔하기 때문이다. 악화가 양화를 구축하듯이 반칙과 부정이 오히려 당당한 세상이 되고 말았다.

2012년 취업포털 커리어가 대학생 336명을 대상으로 설문조사를 한 결과, 어처구니없게도 57.4%가 대학 시험 중 커닝을 한 것으로 나타났다. 커닝을 한 이유로는 '학점을 잘 받기 위해서'가 57.0%, '공부를 완벽하게 하지 못해서'가 31.1%, '남들이 다 하는데 안 하면 손해 보는 기분이 들어서'가 11.4%를 차지했다고 한다. 이제는 커닝도 능력인 걸까? 지성의 전당이라는 대학교에서 10명 중 6명이 당당하게 부정을 저지르고 있는 곳이 바로 대한민국이다.

표절도 일상이 된 지 오래다. 수백만 원을 주고 대리 작성하는 경우도 흔하다. 누구보다 엄격해야 할 대학 교수들마저 결과만 좋으면 된다는 생각에 연구 논문 표절을 보란 듯이 한다.

"뭐 어때, 남들 다 하는데. 누구도 챙겨주지 않는 세상, 내 밥그릇은 내가 챙겨야지."

예전엔 그래선 안 된다는 죄책감이라도 들었건만, 이젠 그마저도 사라진 느낌이다. 열심히 노력한 흙수저들을 좌절하게 만드는 특권층의 채용 비리와 공직자들의 위장 전입은 하도 많아 이젠 상식이 되었다. 뇌물이 일상적으로 오가고, 청탁은 안 하는 놈이 바보가 되는 세상이다. 반칙과 부정을 저지르다 잘못되어도 '나만 재수없게 걸렸다'고 생각하는 곳이 바로 여기다.

이미 승자의 자리에 올라선 기득권층으로선 공정을 강조해야 자신의 권리를 지킬 수 있다. 승리만을 위한 반칙과 부정을 비난하며, 공정한 경쟁을 강조하는 이유는 눈속임일 가능성이 높다. 자유 경쟁이야말로 승자에게 유리한 체제다. 대학생이 초등학생과 공정하게 똑같은 조건으로 경쟁한다면, 프로 바둑기사가 아마추어 10급과 한 점도 깔지 않고 호선으로 맞둔다면, 그 결과는 뻔하지 않을까?

이리저리 치이다 마지막에 극적으로 승리를 거머쥐는 약자들을 스크린상에서 보며 카타르시스를 느끼는 것도 현실에선 이루어질 수 없는 꿈이기 때문이리라.

승자만을 우대하는 분위기는 약자에 대한 배려는커녕 오히려 갑질이 난무하는 사회를 만들었다. 소수 특권층들의 갑질은 어제오늘의 일이 아니다. 대한항공 오너들의 갑질 행태나 몽고식품 명예회장의 운전기사 폭행, 남양유업 대리점 강매 사건에 이르기까지 가진 자들의 추악한 갑질은 언제나 사회적인 공분을 불러 일으켰다. 공항 입국장에서 벌어졌던 중진 국회의원의 노룩 패스가 해외에서 화제가 된 것도 대한민국의 갑질 문화를 상징적으로 보여주는 사건이기 때문이었다. 최근 미투 운동으로 불거진 성추행과 성폭행 역시 마찬가지다.

그런데 더 심각한 건 이런 갑질이 소수 특권층의 일탈 행위를 넘어 우리 사회 전반에 광범위하게 퍼졌다는 데 있다. 권력의 우위에 있는 갑이 우월한 지위를 활용해 약자인 을에게 하는 부당 행위를 통칭하는 갑질이 승자가 당연히 패자에게 할 수 있는 권리로 교묘하게 둔갑한 것이다. 갑질이 일상화된 것 역시 폭행의 대물림처럼 패자 때 받은 갑질을 승자가 되면 되갚으려는 잘못된 보상 심리와도 맞닿아 있다. 이제는 조금이라도 힘을 쥐게 되면 자신보다 못한 약자에게 주먹을 가차없이 휘두른다.

일자리가 아쉬운 청년들은 열정페이라도 감지덕지해야 한다. 온갖 횡포를 저지르는 몇 살 위의 별 것 아닌 상사를 하늘같이 떠받들어야 한다. 손님은 왕이니까 욕설하고 폭행해도 무조건 참아야 한다. 왜 그래야 하냐고? 모든 걸 거머쥔 승자가 아니니까, 승자의 수발을 들어야 살 수 있는 패자에 불과하니까!

결국 승자 독식 사회는 우리들에게 이렇게 외친다. "수단과 방법을 가리지 말고 승자가 되어라. 그럼 무엇이든 할 수 있다."

무너진 사회 결속력

지난 20여 년간 대한민국은 저성장의 기조 아래 무한경쟁이 가속화되며 1%의 승자만이 대우받는 세상, 반칙과 부정, 갑질이 난무하는 세상, 대다수는 패자로 전락해 좌절할 수밖에 없는 세상으로 변질되었다. OECD 회원국들 중에서 자살률 1위, 아동 삶의 만족도 꼴찌, 어려울 때 의지할 지인이 있는지 묻는 사회 연계 지원 부문 꼴찌, 노인 빈곤율 1위, 출산율 꼴찌, 고용 안정성 꼴찌, 소득 불평등 4위의 나라가 바로 대한민국의 현주소다. 참, 소득 불평등은 2019년에 당당히 1위에 올라선다고 한다.

그러다 보니 과거 한민족의 자랑이었던 공동체 문화는 어디론가 사라지고, 만인에 대한 투쟁 정신만이 가득하다. 이런 사회가 앞으로도 계속 건재할 수 있을지 의구심마저 든다.

지난 2015년 말 경향신문이 20 ~ 34세 청년들을 대상으로 조사한 결과를 보면 나만 그런 생각을 하는 건 아니다. 20년 후인 2035년 대한민국의 미래에 대해 청년들의 절반에 가까운 46.4%가 '대한민국의 붕괴와 새로운 시작'을 선택했기 때문이다.

'차라리 붕괴되었으면 좋겠다'라는 자괴감은 사람들에 대한 적대감으로 확대되고 있다. 승자가 될 길은 막혀버렸고, 재기할 기회도 허락되지 않은 채 패자라고 무시하는 세상에 불만이 쌓인 이들이 갈 곳은 하나밖에 없다. 최근 일어나는 '묻지 마 살인' 역시 적대감의 표출이다. 사소한 일에도 폭력으로 이어지는 일은 다반사다. 진정한 '헬조선'이 도래하고 있다.

이런 분노 범죄는 단순히 몇몇 개인들의 성향 때문만이 아니다. 쥐 한 마리에게 전기 자극을 계속 가하면 내장이 모두 상해 죽지만, 쥐 두 마리에게 같은 자극을 가하면 서로 피나게 싸우면서도 죽지는 않는다고 한다. 내장도 상하지 않는다. 이렇듯 동물들은 스트레스를 받으면 자신의 생존을 위해 다른 개체에게 보복을 가하는 경향이 있다. 사람 역시 동물과 다르지 않다. 결국 분노 범죄는 개인의 일탈 행위라기보다 생존을 위한 본능적인 행동인 셈이다.

무한경쟁은 사회 전체를 극단으로 몰고 가기도 한다. 젊은이들 사이에 복지 정책을 반대하는 목소리가 커지는 이유도 패배자들을 일으켜 세우면 이들이 잠재적 경쟁자가 되기 때문이다. 물론 작디작은 파이를 나눠야 한다는 부담도 한몫을 한다. 이렇듯 우리 내면에 깊숙이 자리한 경쟁 의식은 시기와 질투, 적대감을 낳고 서로를 소외시킨다. 특히 청소년기의 내신 경쟁은 학교를 전쟁터로 만들어 버렸다. 함께하는 친구가 아니라 자신의 길을 방해하는 장애물로만 여긴다. 대한민국이 점점 더 메말라 간다.

게다가 '선의의 경쟁'이라는 포장으로 진행되는 과잉 경쟁은 사회적인 낭비 차원으로 흐르고 있다. 경쟁에 이기기 위해서라면 무모한 투자도 서슴지 않는다. 업무에 활용하지도 않을 '스펙' 쌓기에 돈과 시간을 소모한다. 사교육비 때문에 가계 재정이 휘청거리기도 한다. 우리나라 가계 소비에서 교육비가 차지하는 비중은 선진국 대비 최대 10배나 높다! 그런데도 2017년 세계인재경쟁력 지수에서 대한민국은 39위를 차지하며 해가 갈수록 하락 중이라고 한다. 경쟁을 지향하지 않는 북유럽 국가들이 최상위에 오른 것과 너무도 대조적이다.

또한 무한경쟁은 진취적인 젊은이들의 도전을 장려하기보다 오히려 장애물로 등장했다. 흔히 승리가 주는 달콤한 과실은 과감한 도전과 혁신을 이끈다고 생각한다. 하지만 지금처럼 승자가 될 가능성은 낮고 실패로 감당할 짐은 무거운 상황에선 승자가 되겠다는 희망은 아예 접고 패자만 되지 않으려 안정성을 극단적으로 추구하기 마련이다. 최근 공무원과 교사가 직업 선호도에서 최상위에 오른 것도 그 때문이다.

경쟁에서 한번 밀리면 인생의 패배자가 되는 현실에서는 모두들 신중할 수밖에 없다. 이래 죽으나 저래 죽으나 마찬가지라는 심정으로 뛰어들지 않는 이상 쉽사리 행동에 옮기지 못한다. 가로지른 바 너머에 부상을 막아주는 푹신한 매트가 없다면 누가 감히 높이뛰기를 하려 할까?

　1% 승자의 성취동기를 북돋우기 위해 99%의 동기를 저하시키는 시스템, 사람들에게 불안감만 심어주는 시스템, 패배자에게 좌절과 절망을 안겨주는 시스템, 이겨도 또다시 다음의 경쟁을 준비해야 하는 시스템, 1% 승자마저 성과 창출에 온전히 몰입하게 하지 못하는 시스템, 그것이 바로 대한민국의 현주소다. 젊은이들의 희망이 사라진 사회, 성적에 목숨 거는 사교육 사회, 아이 낳기를 거부하는 사회, 시기와 경멸이 만연하고 자살률이 최고인 사회, 묻지마 살인이 일어나는 불신의 사회가 대한민국의 현실이다.

　참으려 해도 참을 수 없는 무한경쟁의 무거움이 물에 푹 젖은 솜처럼 온몸을 압박해온다.

욜로, 노멀크러시는 진정한 해결책이 아니다

 미시간대학교의 스테판 가르시아Stephen Garcia 교수와 이스라엘 하이파대학교의 아비사롬 토르Avishalom Tor 교수는 경쟁자의 수와 성과 간의 관계를 조사했다. 그 결과 미국 대학 입시 평가에 활용되는 SAT 시험에서 수험생 수가 많을수록 평균 점수가 떨어진다는 사실을 알게 되었다. 또한 50명과의 가상 경주와 500명과의 가상 경주를 가정했을 때에도 사람들은 50명일 때가 500명일 때보다 더 빨리 달릴 거라고 대답했다.

 이에 가르시아와 토르는 경쟁이 더 심해질수록 동기가 저하되는 현상이 있음을 주장하며, 이를 'n 효과'라 명명했다. 이렇듯 'n 효과'가 나타나는 이유는 경쟁이 심해지면 실패할 가능성이 커지기에 이를 회피하려 하기 때문이다. 어차피 안될 것 같으니 지레 포기하는 셈이다.

경쟁하지 않는 당신은 낙오자

네가 실패해야 내가 성공하는 제로섬 게임이라면 죽기 살기로 경쟁에 임해야 한다. 상대에게 관대해서도, 정도만을 걸어서도 안 된다. 어떻게든 승리해야만 살아남을 수 있다. 그럼에도 지레 경쟁을 포기하려는 이들이 있다. 배타적인 경쟁 구도에서 소극적인 자세는 실패로 가는 원웨이 티켓일 뿐인데도 말이다.

물론 패배를 좋아할 사람은 아무도 없다. 그래서 모두들 열심히 공부하고 일한다. 문제는 남들도 열심히 하니 경쟁에서 이기기가 어렵다. 죽어라 뛰어도 제자리에 머물 뿐이다. 설사 이겼다 해도 한 단계 마치면 좀 더 높은 단계로 올라가는 게임처럼 경쟁에 내몰리다 언젠가는 패배의 쓴맛을 보고 만다. 결국 아무리 해도 어쩔 수 없는 현실에 지쳐 포기할 수밖에 없다.

2015년 말 경향신문에서 청년들을 대상으로 한 설문 조사에 따르면 41.3%가 '이생망'에 동의했다고 한다. '이생망'이란 '이번 생은 망했다'라는 신조어로서, 자포자기한 심정을 대변한다. 물론 이는 50%에 가까운 청년들이 앞으로 삶이 나아질 것 같지 않다고 대답한 결과와도 일맥상통한다. 19세 이상 성인을 대상으로 한 또 다른 조사에서는 무려 44%가 자신을 '패배자'로 여긴다는 결과가 나오기도 했다.

그런데 '이생망'을 선택한 이유가 더욱 흥미롭다. 64.6%가 능력 없는 본인 탓이라고 대답했다고 한다. 100명 중 절반이 실패했다면 몰라도,

99명이 실패했다면 능력 문제로만 치부할 수 없다. 한층 공고해진 승자 독식 구도로 인해 그렇게 되었음에도 우리는 재빨리 자괴감으로 마무리한다.

이런 현실은 경쟁을 포기하는 낙오자의 대열에 들어서게 한다. 어차피 이렇게 된 이상 대한민국도 망했으면 좋겠다고 생각한다. 희망이 사라진 세상에 홀로 남았기 때문이다. 일찍이 잃어버린 20년을 보낸 일본에서 '하류 지향'이라는 문화로 돌출된 적이 있다. 좁디좁은 승자가 되는 길을 포기하고, 조금 낮은 삶을 살더라도 현재에 충실하게 살겠다는 '자발적 낮춤'인 셈이다. 우리 역시 그 길을 따라가고 있다.

'너 죽고 나 살자' 식의 생존 경쟁 속에 대다수의 사람들은 서서히 죽어간다. 아이들은 자신의 미래가 걸려 있는 시험에 대한 공포와 선생님도 버린 놈이라는 자책감에 휩싸인다. 특히 20년 공부의 결과가 판가름 나는 대학 입시는 경쟁의 결정판이다. 사회에 나가서도 마찬가지다. 좋은 직장을 구하지 못하면 첫 단추부터 어긋나게 된다. 치열한 취업 경쟁에서 낙오하게 되면 실업률만 올려놓는 무능력자라고 낙인 찍힌다. 설사 기업에 들어가도 취직의 기쁨은 잠시뿐, 피 말리는 승진 경쟁에서 탈락하면 또다시 패배자들의 대열에 들어서게 된다. 결국 소수의 승자를 가려내기 위한 통과 의례에 들러리만 선 꼴인지도 모른다. 이런 현실이 자포자기하는 인생을 낳는다.

스스로를 못났다고 여기는 삶에선 절대로 행복을 찾을 수 없다. 사실

상대 평가가 강조되면 자신에 대한 자긍심은 의미가 없어지고 결과에 따른 열등감만 남는다. 실패했다는 생각에 자존감마저 무너지고 '무엇을 위해 사는지'도 모르는 채 빈껍데기로 전락한 자신을 발견한다.

일의 즐거움도 이미 삶에서 떠난 지 오래다. 생활에 충분한 돈이 생긴다면 일을 그만두겠다는 사람이 대다수다. 일하지 않고 돈을 벌 수 있는 건물주가 선망의 대상이 된 것도 그 때문이다. 사람들 중 80%가 충분한 돈이 생기더라도 계속 일하고 싶다는 미시간대학교의 모스Morse 교수와 바이스Weiss 교수의 1955년 연구 결과는 과거로 사라져버렸다.

욜로와 노멀크러시, 소확행

고급 외제 승용차를 타는 한 부하 직원과 대화를 나누던 중 그가 이렇게 말했다. "그냥 현재를 즐기고 싶을 뿐입니다."

2016년 욜로yolo, 2017년 노멀크러시normalcrush, 2018년 소확행小確幸. 대한민국 사회에 새롭게 유행하는 조류들이다. 서로 다른 것 같지만 모두 경쟁하지 않는 삶을 지향한다는 점에서 실상은 동일하다.

욜로는 인생은 한 번뿐임을 의미하는 'You Only Live Once'의 앞 글자를 딴 신조어다. 단 한 번뿐인 인생, 미래를 위해 희생하기보다는 현재에 충실하게 살자는 태도로 당장의 행복을 위해 마음껏 소비하는 라이프스타일을 대변한다. 한 번 사는 인생인데 마음껏 즐기며 살아야 하지 않을까?

내 집 마련을 위해 허리띠 졸라맬 생각은 버리고 비싼 월세를 내더라도 좋은 집에서 산다. 명품 자동차를 타고 주말마다 여행을 즐긴다. 노후 준비는 뒤로 한 채 당장 삶의 질을 높여줄 수 있는 취미 생활에 투자한다. 미래를 위해 참으며 회사에 다니기보다 사표 쓰고 해외여행을 떠난다. 보험은 의미 없는 짓, 그 돈으로 맛집을 유람하는 게 낫다. 맛없는 건강식보다 당장 먹고 싶은 자극적인 음식을 선호한다.

실제로 대학내일20대연구소가 20~39세 남녀 800명을 대상으로 조사한 결과에 따르면, '성공적인 미래를 위해 몰입하기보다 현재의 일상과 여유에 더 집중하겠습니까?'라는 질문에 응답자의 78%가 '그렇다'고 답했다.

그렇다고 욜로가 흥청망청 쓰는 과소비만을 의미하는 건 아니다. 때론 아낄 곳은 아끼면서도 현재를 즐길 수 있는 곳에는 과감히 돈을 쓰기 때문이다. 아르바이트로 생활비를 벌면서 아끼고 아껴 해외여행 갈 자금을 모으는 식이다. 해외여행을 가더라도 저렴하게 다녀오기 위해 저가 항공과 에어비앤비를 활용한다. 어찌 보면 현재를 즐기는 합리적 소비가 맞는지 모른다.

한 예능 프로그램에서 강호동이 길을 지나던 초등학교 아이에게 인사를 하며 물었다.

"어떤 사람이 될 거예요? 어른이 되면?"

그러자 이경규가 대신 말했다.

"훌륭한 사람이 되어야지."

이에 옆에 있던 이효리가 반박하듯이 이렇게 말했다.

"뭘 훌륭한 사람이 돼? 그냥 아무나 돼."

훌륭한 사람이 된다는 건 장년 세대에겐 당연한 명제다. 그런데 지금의 청년 세대에겐 그 명제가 먹히지 않는다. 남들과 끊임없이 경쟁하며 더 높은 위치에 올라야만 하는 시대에 아무나 되기란 쉬운 일이 아니다. 남들보다 조금이라도 뒤쳐지면 낙오자로 비쳐질 수 있다. 그럼에도 출세 지향적인 태도를 버리고 평범한 삶을 추구하는 노멀크러시 현상이 유행하고 있다.

노멀크러시는 평범함을 뜻하는 normal과 반하다는 의미의 crush를 합친 신조어다. 노멀크러시는 출세를 거부한다. 욜로가 현재를 즐길 수 있는 소비에 집중하고 있다면, 노멀크러시는 일본의 하류지향과 맞닿아 있다. 해외여행을 하거나 명품을 구매하지 않아도, 시골의 조그마한 집에 살더라도 평범한 일상에서 느낄 수 있는 행복에 집중하기 때문이다.

승자 독식 사회에서 가파른 성공의 사다리에 오르려면 무조건 앞만 보고 뛰어야 한다. 성공만 한다면, 돈만 번다면, 출세한다면 모든 걸 보상받을 수 있다고 세상은 속삭인다.

하지만 그 길이 행복하다고 누가 자신할 수 있을까? 그 길의 끝에 행복이 있다고 하더라도 확률이 매우 낮다. 이에 노멀크러시는 돈이나 권력, 명예 등 세상의 기준을 버리고 자신만의 기준을 세워 평범한 삶에 눈을 돌리자고 말한다.

그렇다고 자포자기하는 심정으로 되는 데로 살자는 건 아니다. 남들이 보기에는 초라하게 보이는 삶일지라도 자신이 소중하게 여기는 삶이라면 그것만으로 충분하다는 의미다. 승자가 되지 못한다고 불행한 건 아니다. 끝없는 경쟁의 질곡에서 벗어나 평범한 일상에서 누리는 행복, 그것이 바로 노멀크러시인 셈이다.

이 노멀크러시는 최근 유행하고 있는 소확행과도 일맥상통한다. 소확행이란 소소하더라도 확실한 행복을 추구하자는 신조어다. 일본 소설가 무라카미 하루키村上春樹가 수필《랑겔한스 섬의 오후》에서 처음 쓴 용어로, 집 근처 공원을 산책하거나 갓 구운 빵을 먹는 것처럼 소소한 개인적인 경험 속에 만족하며 사는 삶을 의미한다. 소확행은 소박한 삶의 여유를 즐기는 덴마크의 휘게hygge, 적당함에 만족하는 스웨덴의 라곰lagom, 한적한 평온을 추구하는 프랑스의 오캄au calme과도 유사하다.

누구나 한번쯤은 추운 겨울 따뜻한 이불 속에서 재미나는 만화책을 본 경험이 있을 것이다. 그게 바로 소확행이다. 굳이 행복을 멀리서 찾을 필요 없이 현재의 일상에서 구할 수 있다고 외친다. 주말이라고 아침 일찍부터 여행을 떠나야만 행복한 건 아니다. 해가 중천에 뜨도록 침대에 누워 빈둥거리는 것 역시 인생을 값지게 만들 수 있다. 스스로가 만족한다면 그것으로 족하다.

욜로와 노멀크러시, 소확행. 그 의미와 태도가 조금씩 다르긴 하지만, 알 수 없는 미래를 위해 희생하기보다는 현재에 집중하자는 점에선 동일하다. 욜로와 노멀크러시, 소확행을 외치는 건 역설적으로 꿈과 미래가 보이지 않기 때문이리라. 밝은 미래를 기약할 수 없다면 오늘만이라도 멋지게 살아야 하지 않을까?

밥 먹을 땐 밥만 먹고, 잠잘 땐 잠만 자라

당나라의 고승 대주혜해大珠慧海 선사에게 한 스님이 물었다.
"대주께서는 어떻게 공부하십니까?"
"배고프면 먹고, 졸리면 잠을 잔다네."
"그건 모두가 다 하는 거 아닙니까?"
"아니지. 나는 밥 먹을 때 밥만 먹고 잠잘 때 잠만 자지만, 그들은 밥 먹을 때 밥만 먹지 않고, 잠잘 때 잠만 자지 않는다네."

우리는 일상을 저버린다. 몸은 여기에 있지만, 마음은 언제나 딴 곳에 가 있다. 일상 속에 행복이 있는데도 늘 행복을 갈구한다. 한국 근대 불교의 큰 스승인 경봉鏡峰 스님도 "일상이 불법佛法이요, 도道"라고 했다. 오늘 지금 이 자리가 그 무엇보다도 소중하다. 진정으로 현재에만 집중할 수만 있다면 깨달음은 그리 먼 곳에 있지 않다.

'진정한 깨달음은 평상심平常心에 있다'는 법문은 지금도 유효하다. 그런 점에서 욜로와 노멀크러시, 소확행 트렌드는 욕심에 찌든 마음을 정화시키는 올바른 길일지 모른다. 미래를 위해 희생하기보다 현재에 충실하자는 욜로, 평범한 일상에서 누리는 행복을 좇는 노멀크러시, 소소하더라도 확실한 행복을 추구하는 소확행, 이 모두 평상심의 다른 말이라 할 수 있지 않을까?

하지만 이는 겉만 보고 하는 소리다. 밥 먹을 때 밥만 먹고, 잠잘 때 잠만 잘 수 있으려면 집착하는 마음을 내려놓아야 한다. 우리는 살면서 많은 것을 붙잡고 있다. 특히 자기의 이해관계에 붙들려 있다. 그러다 보니 마음은 언제나 딴 곳에 가 있다. 진정으로 자기를 내려놓을 줄 아는 이만이 오롯이 오늘에 집중할 수 있다. 방하착放下着이 불가에서 수행의 핵심인 것도 그 때문이다. 도가 철학을 완성한 장자莊子도 채운 것 하나 없는 빈 배처럼 자기를 잊어야만 도를 따르며 자유롭게 유유자적하는 삶을 살 수 있다고 했다.

욜로와 노멀크러시, 소확행이 진정으로 자기를 내려놓고 오롯이 오늘에 집중하는 모습으로 보이지는 않는다. 오히려 자기를 붙잡는 새로운 방식으로 다가온다. 어차피 욕심 부려봤자 미래를 거머쥘 수 없기에 자기에게 이익이 되는 오늘의 행복이라도 붙잡으려는 심정으로 느껴지기 때문이다.

성공을 포기하는 삶, 그리고 신 포도

어느 날 여우 한 마리가 높은 가지에 매달린 포도를 보았다.

"참 맛있어 보이네."

여우는 포도를 따기 위해 펄쩍 뛰었다. 하지만 포도가 너무 높이 달려 있어서 여우의 발에 닿지 않았다. 여러 번 시도했지만, 이내 실패하고 말았다. 그러자 여우는 이렇게 말했다.

"에이, 저 포도는 너무 시어서 맛이 없을 거야."

여우는 포도를 딸 수 없어 포기했음에도 신 포도라 여기며 스스로를 속였다. 그래야 포도를 얻지 못하는 현실을 순응할 수 있기 때문이다.

최근의 욜로와 노멀크러시, 소확행도 그런 게 아닐까? 미친 듯이 노력하는 데도 왠지 불안하고, 누구보다 열심히 일했는데도 잘 사는지 모르겠고, 잘나가는 친구들이나 동료들을 보면 편안함보다 압박으로 다가오는 일상이 이런 열풍을 만들고 있는지 모른다. 게다가 내일도 나아질 거라는 기대는 이미 저버린 지 오래다. 아파트는 구매할 엄두조차 내지 못한다. 당연하게 여겼던 결혼과 출산도 벅차다. 오손도손 가족을 꾸리는 것도 포기하고 홀로 살아가는 마당에 장밋빛 미래는 언감생심이다. 기약 없는 설렘조차 사치로 느껴지는 지금 자포자기하는 심정으로 즐기며 살자고 말한다. 마치 내일 생사를 건 전투에 나가는 군인들이 미친 듯이 파티를 즐기는 것처럼. '노세, 노세, 젊어서 노세. 늙어지

면 못 노나니.'

　소소하고도 평범한 삶을 사는 것 역시 마찬가지다. 자포자기한 현실을 합리화하기 위해 승자가 되려는 삶이란 덧없는 거라며 정신적으로 행복을 찾는 길을 강조한 것이라면 더욱 그러하다. '저 포도는 신 포도'라는 주장과 다를 바 없다.

　물론 현재의 삶에 충실하며 행복을 추구하는 삶도 훌륭한 선택지다. 그런데 그 선택이 밝은 미래를 기약할 수 없기에 어쩔 수 없이 선택했다면 다시 생각해봐야 하지 않을까? 경쟁하지 않는 삶을 외치는 이들을 패배자라고 멸시하는 것도 그 때문이다. 현실 도피적인 삶의 길에, 지레 포기하는 이에게 무작정 박수를 보낼 수는 없다.

　그런 점에서 욜로와 노멀크러시, 소확행은 피 말리는 경쟁에서 벗어날 수 있는 진정한 해결책이 아니다. 경쟁을 넘어 성공으로 가는 길이 아니라, 경쟁을 통해 성공할 수 없기에 차선책으로 경쟁을 회피하려는 길이기 때문이다. 경쟁하지 않고도 성공할 수 있어야만 진정 '경쟁하지 않는 삶'이라 할 수 있지 않을까?

'경쟁하지 않는 삶'을 그리는 이유

　1991년 LA 공항에 착륙하던 항공기가 추락해 탑승객 중 34명이 사망하는 사고가 발생했다. 그런데 사고를 조사하는 과정에서 황당한 사실이 밝혀졌다. 항공기가 추락해 불이 붙었을 때 2명의 남자가 서로 먼저 나가려고 출입구를 막고 싸우는 바람에 희생자가 늘었다고 한다.

　영화에서나 볼 법한 일이 일어났다. 영화를 보는 관객은 그런 이기적인 이들을 보며 비난만 하면 되지만, 현실에선 탑승객인 자신이 생사의 갈림길에 서게 된다. 이렇듯 과잉 경쟁은 자칫 잘못하면 공멸을 부를 수 있다. 여기에 앞서 머리말에서 언급했던 아일랜드 큰뿔사슴의 멸종을 떠올리는 건 지나치게 확대 해석한 것인지 모른다. 하지만 대다수를 패배자로 전락시키는 승자 독식 현상 속에 반칙과 부정, 갑질이 난무하고 사회의 결속력마저 무너지고 있는 지금 공멸을 걱정하는 건 당연하지 않을까?

피 말리는 무한경쟁이 드리운 폐해

우리가 겪는 문제들의 뒤에는 대부분 잔인한 경쟁 패러다임이 자리하고 있다. 지금의 대한민국은 과잉 경쟁으로 인해 그 어느 곳을 봐도 희망이 보이지 않는다. 어디를 둘러봐도 경쟁, 경쟁, 경쟁이다. 가진 것 하나 없는 흙수저들로선 경쟁하는 것만도 벅차다. 설사 이기더라도 일시적인 우위에 설 뿐이다. 이내 우위는 사라지고 이내 또 다른 경쟁으로 내몰린다. 잠시나마 가졌던 장밋빛 미래는 어느새 저만치 멀어진다. 그러다 결국엔 무력감에 빠진다. 별것도 아닌 '저녁이 있는 삶'이란 슬로건이 그토록 반향을 일으킨 것도 그 때문이다.

일반적으로 피 말리는 경쟁은 시간이 지날수록 경쟁자들 간의 차이가 없어지고 모두가 비슷해지는 경쟁적 수렴 현상을 유발한다. 그런데 경쟁적 수렴 현상은 참여하는 경쟁자들 모두에게 재앙으로 다가온다. 아무리 열심히 노력해도 경쟁적 수렴 효과로 인해 이익을 얻을 수 없기 때문이다. 아무리 스펙을 쌓고 자기 계발에 진력한다고 해도 원하는 직장에 들어가거나 승진할 수 없다. 다른 이들도 스펙을 쌓고 자기 계발에 투자하고 있기 때문이다. 이상한 나라의 여왕인 레드 퀸 Red Queen 이 앨리스와 함께 아무리 빨리 달려도 빨리 움직이는 숲을 벗어나지 못하고 제자리에 머무는 레드 퀸 효과가 그 어느 때보다 크게 작용한다.

경쟁에서 이기려는 마음에 남보다 더 열심히 일한다고 성공할 수 있을까? "성공에는 어떤 속임수도 필요 없다. 주어진 일을 위해 피와 땀을 흘려 일할 뿐이다."라는 강철왕 앤드류 카네기Andrew Carnegie 의 말은 원론적인 수사일 뿐이다. 경쟁이라는 상대적인 게임에선 아무리 열심히 노력해도 패자가 생기기 때문이다. 또한 치열한 무한경쟁 시대에 모든 일을 잘하는 사람은 평범한 사람에 그친다. 먼 길을 가려면 많은 짐을 지고 갈 수 없다. 단점을 보완한다고 남들을 뛰어넘을 순 없다.

아침형인간으로 살겠다며 새벽 4시 반부터 영어회화 공부를 하고, 퇴근 후엔 웅변 학원에 나가 부족한 발표력을 보완한다. 아침형인간이, 회화 실력이나 발표력이 좋은 사람이 성공한다는 말에 미친 듯이 낭비하며 끌려가는 모양새다. "할 만한 가치가 없는 일은 잘할 필요가 없다."고 말한 세계적인 투자자 워런 버핏Warren Buffett 의 말을 되새겨볼 필요가 있다. 세상에 휘둘린 근면 성실한 삶은 노예의 길일 뿐이다.

물론 그런 노력이 개개인에 따라 손해가 될 수 있지만 사회 전체적으론 이익이라고 외치는 이들도 있다. 하지만 현실은 다르다. 오로지 경쟁에서 이기기 위해 헛된 노력을 쏟는 모습들이 곳곳에서 목격되고 있다. 일례로 대학 진학률이 80%가 넘는데도 국가 경쟁력은 오히려 하위권을 맴돈다. 스위스 국제경영개발원IMD 이 평가한 대학 교육의 사회적 요구에 대한 부응도에서 우리나라는 55개 국가 중 53위를 차지했다고 한다. 실질적으로 유용하지 못한 교육을 받기 위해 어릴 때부터 사교육까지 받아가며 십여 년 넘는 삶을 몽땅 투자했다는 소리다. 이는 2017 세계인재경쟁력 지수 결과에서도 나타난다. 경쟁을 지양하는 북유럽 국가들이 상위를 차지한 반면, 우리는 39위로 계속 하락 중이라고 한다.

'경쟁하지 않는 삶'을 외치는 이유도 바로 여기에 있다. 달도 차면 기우듯이 무한경쟁도 이제 그 한계에 도달했기 때문이다. 90년대부터 시작된 저성장의 물결은 무한경쟁을 가속화시켰다. 그 결과 우리가 느끼는 경쟁의 피로도는 개인이나 사회 모두 더 이상 지탱하기 어려울 정도로 최고조에 이르렀다.

소수의 승자와 다수의 패자를 만드는 시스템은 영원히 지속될 수 없다. 대다수가 언제나 희생만 당하진 않는다. 성공의 과실도 얻지 못한 채 하루하루 긴장과 불안 속에 언제까지나 죽도록 뛸 수만은 없다. 잘 나가는 판검사나 대기업 임원들도 피 말리는 경쟁에 자살을 선택하는 마당에 무한경쟁이 설 자리는 줄어들 수밖에 없다.

꼭 이렇게만 살아야 할까? 경쟁은 성취동기를 북돋운다고 말하지만, 이는 이길 수 있다는 희망이 있을 때나 가능한 얘기다. 실낱 같은 희망도 사라진 지금 경쟁은 오히려 의지를 꺾어놓는 기제가 된다. 그렇다면 개인적으로나 사회적으로 무한경쟁이 더 이상 도움이 되지 않는다면 눈을 돌려 경쟁하지 않는 길을 봐야 하지 않을까? 사실 경쟁의 굴레에서 벗어나면 누군가를 이겨야 한다는 부담감이나 패자로 전락할지도 모른다는 공포에서도 해방된다. 다른 사람의 행복을 기원하고, 곤경에 처했을 때 진심으로 도와줄 수 있는 친구가 될 수도 있다.

그렇다고 자포자기한 채 성공을 회피하며 살 수는 없다. 그렇다면 문제는 경쟁하지 않아도 성공할 수 있느냐로 귀결된다.

이제 성공은 경쟁하지 않는 길에 놓여 있다

그런데 무한경쟁의 폐해가 크다고 해서 경쟁하지 않아야 성공할 수 있다고 말할 수 있을까? 오히려 성공의 길이 좁아졌다고 말해야 하지 않을까? 문은 점점 좁아지고 있는데 그 문을 통과할 생각은 하지 않고, 쉽게 목적지에 갈 편법만 궁리하는 건 아닐까?

하지만 현실은 경쟁하지 않는 길의 편에 서 있다. 경영 일선에서 경쟁 전략은 무용지물이 된 지 오래다. 너도나도 블루오션을 찾고, '경쟁하지 말고 독점해야 한다'며 온리원을 외치고 있다. 기업들이 예전과는 다른 인재상을 요구하는 것도 그 때문이다.

성공한 사람들의 면모 역시 바뀌고 있다. 전형적인 성공의 길과는 거리가 먼 사람들이 오히려 성공가도를 달리고 있다. 겨우 밥벌이하며 살아갈 것 같은 사람들이 방송에도 나온다. 자기만의 색깔로, 자기만의 길을 가며 세상을 향해 당당하게 외치고 있는 것이다.

이렇게 된 데는 풍요로움에서 그 원인을 찾을 수 있다. 인류 역사상 지금처럼 풍요로운 시대는 없었다. 일반 서민들도 그 옛날 왕이 누릴 법한 호사를 만끽한다. 세계적으론 아직도 하루에 밥 한 끼 먹지 못하는 극빈층들이 많긴 하지만, 선진국만 놓고 보면 그러하다. 그런데 인류에게 축복인 풍요가 사람들에게서 구매할 동기를 앗아가고 있다. 모든 것이 부족할 때에는 작은 것 하나에도 크게 만족하지만, 풍요로울 때는 추가적으로 하나 더 가지는 걸로는 쉽게 만족하지 못한다. 그러다 보니 비슷비슷한 상품과 서비스에는 관심을 가지지 않게 되고, 독특한 상품, 그 어디에서도 접할 수 없던 서비스에만 열광한다. 온리원, 자기만의 길이 각광을 받는 이유가 바로 거기에 있다.

그럼에도 우리는 경쟁 패러다임에서 벗어나지 못한다. 경쟁의 끝에 성공이 있는 시대가 끝났음에도 경쟁의 길에 대한 미련을 버리지 못한다. 당연히 '경쟁은 좋은 것'이라고 여긴다. 혹자는 좋은 건 아니지만 발전하기 위해선 어쩔 수 없다고 생각한다. 적자생존이 자연의 진리인 이상 만인에 대한 만인의 투쟁이 벌어지는 건 당연하다고 여긴다. 도전 정신이 투철하고 해보려는 의지가 강한 이라면 당연히 경쟁하는 길을 가야 하며, 경쟁하지 않으려는 행동은 나약하고 무기력한 패배자의 모습이라 여긴다.

이렇게 경쟁에만 집중하면 큰 그림을 보지 못한 채 우물 안 개구리로 전락할 가능성이 높다. 무조건 경쟁이 옳다는 시각은 당신의 미래를 망칠 공산이 크다. 그런 점에서 경쟁하지 않고 성공하는 길에 대해 논하기에 앞서 경쟁의 진실을 밝혀볼 필요가 있다. 경쟁 패러다임에서 벗어나지 않고는 경쟁하지 않는 길을 걸어갈 수 없기 때문이다.

경쟁 욕구는 참을 수 없는 본능일까? 인류는 정말 경쟁을 통해 발전을 이루었을까? 경쟁은 언제나 최고의 성과를 창출할까? 경쟁하지 않는 사람이 오히려 더 크게 성공하는 건 아닐까?

지금까지 당신은 경쟁을 잘못 알고 있었던 건지 모른다.

2장

당신이 알고 있는
경쟁은 틀렸다

인생의 고도를 결정하는 것은

그의 재능이 아니라 삶에 대한 태도다.

_지그 지글러

경쟁 욕구는 거역할 수 없는 본능일까?

제1차 세계대전이 한창이던 1914년 독일군은 프랑스 북부의 마른 강을 사이에 두고 영불 연합군과 치열한 전투를 벌였다. 두 달 넘게 소모적인 참호전이 계속되던 어느 날 독일군 진영에서 크리스마스 캐럴이 울려 퍼졌다. 마침 그날이 크리스마스 이브였던 것이다. 그러자 연합군 진영에서 캐럴을 따라 부르게 되었고, 양측은 자연스레 일주일 동안 휴전을 하게 되었다. 휴전하는 동안 양측 병사들은 무기를 내려놓았다. 중간 지대에서 만나 함께 담배를 피우고 축구 경기를 하는 등 어울려 지냈다. 심지어 전사자들의 합동 장례식까지 치렀다고 한다.

경쟁의 끝판왕이라 할 수 있는 전쟁터에서 적군과 협력할 수 있다는 사실을 어떻게 받아들여야 할까? '네가 죽어야 내가 산다'는 식의 제로섬 경쟁은 자연스러운 본능일 터인데, 생사가 걸린 상황에서 경쟁을 포기하는 게 가능할까?

자연은 경쟁만이 지배하는 곳이 아니다

우리는 동물의 세계를 피 터지는 경쟁이 벌어지는 전쟁터로 여긴다. 이는 육식동물과 초식동물 간의 먹고 먹히는 약육강식에만 국한되지 않는다. 짝짓기, 영역 경쟁에서부터 적자생존의 자연 선택에 이르기까지 동종 간의 사투는 언제나 관심을 사로잡았다. 그러다 보니 다른 종을 넘어 동종 간에도 생존 경쟁에서 승리하는 것만이 생물체의 유일한 목표인 것처럼 보인다. 하지만 이는 경쟁 관계를 지나치게 확대 해석한 결과일 뿐이다.

먼저 생물 종 간의 경쟁에 대해 살펴보자. 세균이나 곰팡이라는 말을 들으면 살균부터 떠오를 것이다. 환경을 오염시키고 질병을 유발하는 미생물은 무조건 죽여야 할 경쟁 상대이지 않는가? 온종일 손을 떠나지 않는 핸드폰이 세균으로 뒤덮여 있다는 식의 자극적인 기사들이 적대적인 감정을 더욱 부채질한다. 하지만 현실은 오히려 정반대에 가깝다. 이들이 없다면 사람은 온전히 살 수 없기 때문이다.

우리는 지극히 지엽적인 일들을 침소봉대해 미생물들을 오해하고 있다. 《10퍼센트 인간》을 쓴 영국의 생물학자 앨러나 콜렌 Alanna Collen 은 인간의 몸속에 있는 세포들 중 10퍼센트만이 인간의 세포이며, 90퍼센트는 미생물이라고 주장했다. 인간의 몸속에는 무려 100조 개에 달하는 미생물 세포들이 있다. 특히 소화 기관은 미생물들의 안식처이자,

주요 활동 무대다. 질병을 일으키는 미생물은 100여 종에 불과하지만, 장내에만 4천 종이 넘는 미생물이 득실거린다.

이렇게 많은 미생물들이 기생하며 우리 몸을 갉아먹을 거라고 생각하겠지만, 오히려 소화나 면역 등 생체 활동에 도움을 주고 있다. 음식물 소화를 도와주고, 결여된 비타민과 미네랄을 생성한다. 독소나 위험한 화학 물질을 분해하며, 유해 미생물들을 쫓아낸다.

게다가 인체 면역계의 대상이 되어야 할 미생물들이 면역 활동을 돕기까지 한다. 암과 같은 난치병이나 심장병에서부터 대사 질환, 천식 질환, 아토피, 자폐증이나 우울증 같은 정신 질환에 이르기까지 다양한 질병을 예방하거나 치료하는 데 미생물들이 도움을 준다. 사람의 건강은 모두 미생물에 달려 있다고 할 정도다. 최근 들어 현대 의학계가 마이크로바이옴microbiome 에 주목하고 있는 것도 그 때문이다. 마이크로바이옴이란 인간의 몸속에 공존하는 미생물의 유전 정보 전체를 일컫는 용어다. 인간의 유전 정보 집합체인 게놈genome 에 빗대어 세컨드 게놈second genome 이라 부를 정도로 중요하게 여긴다.

인간과 미생물과의 관계를 넘어 전체 자연계를 봐도 경쟁보다는 협력이 일반적이다. 먹고 먹히는 생존 경쟁도 벌어지지만, 그보다 훨씬 더 많은 협력 관계가 일어나고 있기 때문이다. 미생물과의 공생 역시 인간뿐만 아니라 동물, 식물에 이르기까지 보편적인 현상이다. 다른 생물과 협동하지 않고 사는 생물은 단연코 없다.

TV에 나오는 동물의 세계는 약육강식의 싸움으로 점철된다. 하지만 이는 자극적인 영상만을 모아 편집한 것일 뿐이다. 어쩔 수 없는 생존 경쟁이라도 살아남을 순 있지만, 공생 관계가 무너지면 그 어떤 생물도 생존할 수 없다.

동일한 서식처의 유사종 간의 경쟁 회피도 마찬가지다. 13종의 갈라파고스 핀치새들은 서로 먹이 선호도를 달리함으로써 경쟁을 회피한다고 한다. 메기나 송어처럼 서식처를 공간적으로 분할하기도 하고, 조류와 박쥐처럼 시간적으로 분할하기도 한다. 영국의 생태학자인 폴 콜린바우Paul Colinvaux 는 "적자생존에서 적자는 싸움을 잘하는 동물이 아니라, 언제든지 싸움을 회피할 줄 아는 동물"이라고 했다.

자연 선택을 오해하는 사람들

동종 간의 경쟁 역시 마찬가지다. 짝짓기나 영역 경쟁이 벌어지긴 하지만, 이는 그들의 삶에서 일부분에 불과하다. 대부분의 삶은 함께 협력하며 지낸다. 경쟁하기보다는 서로 협력하는 게 생존에 훨씬 더 유리하기 때문이다. 동물들은 홀로 살기보다는 무리를 지어 사는 경우가 대부분이다. 함께하면 먹이를 나눠야 하는 불편은 있지만, 천적의 공격이나 자연환경의 변화로부터 생존할 가능성이 높아진다. 맹수의 제왕 사자도 함께 협력해 사냥한다. 개미나 벌들은 체계적으로 분업하며 공동체를 이룬다. 상식적으로 서로에게 경쟁적인 종보다 상호 협력하려는 종들이 생존에 유리하다.

1859년 찰스 다윈Charles Darwin 은 《종의 기원》을 발표하며, 자연환경에 적응하기 유리한 형질을 지닌 개체만이 생존한다는 자연 선택설을 주장했다. 그 결과 다양한 유전적 변이를 지닌 개체들 중에 자연에 적응하기 유리한 개체만이 번성함으로써 결과적으로 생물 종 자체의 진화가 진행된다는 것이다.

그런데 이 자연 선택설은 토머스 맬서스Thomas Malthus 가 《인구론》에서 인구의 기하급수적인 증가로 식량 위기를 맞을 거라며 인구 문제를 본격적으로 제기한 것과 맞물려 경쟁 논리를 뒷받침하는 이론으로 변질되었다. 즉, 인구 문제의 해결과 진화의 과정인 자연 선택이 결합해 생존 경쟁의 불가피성을 설파한 것이다.

하지만 이는 자연스러운 진화 과정을 경쟁 관점으로 왜곡한 것에 불과하다. 생물에게는 군집 규모를 조절하는 기제가 있어 무한 증식하지 않을 뿐만 아니라, 유전자 복제 과정에서의 우연한 돌연변이는 결코 경쟁력 강화를 위해 발생한 것이 아니기 때문이다. 실제로 무수히 많은 돌연변이의 결과는 경쟁력 강화가 아니라 다양성의 확대로 귀결된다. 그 결과 자연환경의 변화로부터 생물 종 자체의 멸종을 막는 방어막이 된다. 어떤 환경에서도 적응해 생존할 수 있는 변종이 있기 때문이다.

그런 점에서 이는 동종 간의 경쟁이 아니라 생물 종의 생존 측면에서 바라보아야 한다. 사실 변종이 무조건 경쟁력이 강하다고 볼 수 없다. 적자생존이란 보다 강하고 우수한 생물만이 살아남았다는 뜻이 아니라, 운석 충돌이나 빙하기 도래와 같은 갑작스러운 환경 변화에 보다 잘 적응했음을 말한다. 모든 진화가 경쟁력 강화의 결과라면 어두운 동굴 속에 사는 동물의 눈이 퇴화한 사실을 설명할 수 없다. 그런데도 우수한 경쟁력을 지닌 생물만이 살아남을 가치가 있다는 식으로 확대 해석하는 오류를 범하고 있다.

결국 현존하는 모든 생물들은 강해서가 아니라 다양하기 때문에 살아남았다. 어떤 환경의 변화가 있을지 모른다면, 어떤 상황에서도 살아남을 수 있도록 다양한 변이를 가지는 게 좋다. 넓게 보면 이 역시 자기 종의 종말을 막기 위해 다양성을 토대로 서로 협력한 셈이다.

본능이라고 무조건 인정해야 하는 건 아니다

물론 협력 속에서도 경쟁이 벌어지는 것은 부인할 수 없는 사실이다. 군집을 이루는 조류들에겐 페킹 오더 pecking order 가 존재한다. 페킹 오더란 모이를 쪼는 서열이라는 뜻으로, 사회적 위계를 의미한다. 닭들의 세계에도 서열이 있는 것이다. 그 서열에 따라 모이를 먹는 순서가 정해진다. 만약 새로운 닭이 우리에 들어오면 서열 싸움이 일어나게 되고, 그 결과 서열이 재조정된다.

그런데 이 페킹 오더를 어떻게 바라보아야 할까? 본능적으로 서열과 우위를 따지는 닭들을 보듯이 경쟁 본능은 거역할 수 없는 욕구라 생각해야 할까? 하지만 곰곰이 생각해보면 페킹 오더는 오히려 경쟁을 지양하는 의미로 다가온다. 경쟁에서 이겨야 한다는 생각에 매일 싸움만 일삼는다면 공동체가 지속될 리 없기 때문이다.

　닭들은 일반적으로 90마리까지는 서로의 페킹 오더를 기억한다고 한다. 그런데도 90마리가 넘는 닭들이 함께 모여 있으면, 어떤 일이 벌어질까? 페킹 오더가 없으니, 닭들은 모두에게 적대적으로 대하며 날마다 싸움을 일삼을 것이다. 물론 그 결과는 공멸로 이어진다.

　공동체를 이루는 모든 생물 종들은 공동체의 번영을 위해 불필요한 경쟁을 지양한다. 보통 경쟁은 예외적인 기간에 한정적으로 일어나는 게 정상이다. 일례로 온천욕을 즐기는 걸로 유명한 일본원숭이를 살펴보자. 일본원숭이들은 생존을 위해 우두머리 수컷을 중심으로 집단을 이루고 산다. 그런데 우두머리 수컷은 암컷을 독점하는 대신 짝짓기의 자유를 허용함으로써 피비린내 나는 싸움을 지양한다. 새로이 우두머리가 되었다고 이전 우두머리 수컷의 새끼들을 해치는 일도 벌이지 않는다. 자기들끼리 싸우다가 외부와의 싸움에서 지면 모두가 패자가 되기 때문이다. 또한 제 새끼뿐만 아니라 남의 새끼도 돌보고, 수컷도 육아에 참여하는 등 공동 육아를 실천한다. 이를 통해 새끼들에게 함께하는 법을 어릴 때부터 가르친다. 결국 일본원숭이 집단은 위계 질서를 유지하면서도 과잉 경쟁을 지양하고 협력을 선택함으로써 평온하게 공동체를 유지한다.

사람보다 못한 동물들도 끝없는 경쟁은 공멸로 가는 지름길임을 잘 알고 있다. 경쟁 욕구는 원초적인 본능이니 어쩔 수 없다는 생각은 버리도록 하자. 성적인 욕구도 본능이니까 무조건 인정해야 한다면, 세상은 성적 약탈로 가득할지 모른다. 경쟁 욕구 역시 마찬가지다. 남을 누르고 밟으려는 경쟁 욕구만이 거역할 수 없는 최상위 본능이라면, 사회는 이미 약육강식의 피비린내 나는 전쟁터가 되었을 것이다. 물론 그 사회 역시 더 이상 지속할 수 없을 것이다.

사실 인류가 그 어떤 생물 종보다 우위에 서게 된 것도 고차원적인 상호 협력 관계를 토대로 강력한 공동체를 구축할 수 있었기 때문이다.

인류는 정말 경쟁을 통해 발전했을까?

당신에게 누군가가 10만 원을 주면서 이렇게 제안한다.

"지금 드린 돈을 저분과 나눠 가지세요. 어떤 비율로 나눌 것인지는 당신이 결정하면 됩니다. 하지만 당신이 내건 조건을 저분이 거부한다면, 10만 원을 제게 다시 돌려주어야 합니다."

당신이라면 생판 모르는 사람에게 얼마를 나눠주려고 할까? 만 원, 2만 원, 아니면 5만 원?

이성적으로 생각하면 당신이 얼마를 나눠주어도 저 사람은 승낙하는 게 맞다. 거부하면 조금이나마 이익을 챙길 기회를 날리는 셈이다. 그렇다면 당신의 이익을 극대화하는 방향으로 나누는 게 바람직하다고 생각할지 모른다. '그래. 천 원만 주고 내가 9만 9천 원을 가져야겠다.'

하지만, 대부분의 사람들은 평균 4만 원을 생판 모르는 사람에게 주었다. 또한 돈을 받는 사람은 2만 5천 원보다 적으면 자신에게 손해가 되는데도 거절했다고 한다.

인간은 협력을 추구하는 사회적 동물이다

위 게임이 바로 1982년 독일 경제학자 베르너 귀트Werner Güth 가 고안한 최후 통첩 게임이다. 자신의 이익만을 고려해 합리적인 선택을 한다는 경제학계의 입장에선 이해되지 않는 결과다. 상대방에게 4만 원이나 제안한 사람이나, 2만 5천 원 이하라도 경제적인 이익을 포기하는 사람이나 어리석은 결정을 한 셈이다.

그런데 어찌 보면 상대방이 거부하지 못할 정도의 금액을 제시해야 이익을 얻을 수 있기에 그런 제안을 한 건 아닐까? 배고픈 건 참아도 배 아픈 건 못 참는 게 사람이라고 했듯이, 다른 사람이 배부른 꼴을 못 보겠다는 이기심의 발로로 봐야 하지 않을까?

이에 노벨 경제학상을 수상한 행동경제학의 창시자 대니얼 카너먼 Daniel Kahneman 은 최후 통첩 게임을 수정한 독재자 게임을 고안했다. 독재자 게임은 최후 통첩 게임의 변형으로, 최후 통첩 게임과 동일한 방식으로 진행하되 받는 사람은 거부권을 행사하지 못하고 이를 무조건 받아들여야 한다. 이런 규칙하에선 상대방의 거부권을 고려할 필요가 없으므로 이기적인 사람이라면 한 푼도 나눠주지 않는 게 당연하다.

그런데 결과는 달랐다. 이 게임에서도 사람들은 평균 2, 3만 원을 나눠줬다고 한다. 5만 원을 나눠준 사람도 있었다. 단 한 푼도 주지 않은 사람도 있었지만, 상당한 수준의 돈을 분배한 사람이 더 많았다. 아무런 보복이 없음을 알고도 그렇게 한 것이다. 결국 이는 바로 다른 사람과 함께하려는 배려심과 손해를 보더라도 불공정한 행동은 처벌하려는 공정성의 발로라 할 수 있다.

그렇다면 이렇듯 배려심과 공정성을 발휘하는 이유는 뭘까? 여기엔 동물과는 다른 인간만의 진화적 특성이 자리하고 있다. 결론부터 말하자면, 인간은 이기적인 본성에 이타주의를 강화하는 방향으로 진화했다. 앞서 동물들은 과잉 경쟁을 지양한다고 말했다. 하지만 우리는 그보다 훨씬 더 높은 곳을 추구했다. 바로 구성원 모두가 다른 구성원들을 배려하고 양보함으로써 강력한 협동 사회를 구축한 것이다. 그 결과, 낯선 이들까지 포용하며 거대한 사회를 이뤄 지금과 같은 위대한 문명을 만들게 되었다. 경쟁심에 기반한 이기주의보다 협동적인 이타주의가 진화 경쟁에서 승리한 것이다.

그렇게 보는 이유는 바로 역설적으로 이타주의가 지금도 남아 있다는 데에 있다. 진화생물학적인 관점에서 보면 이기심이 생존에 더 유리했을 터이기에 현대 사회는 오로지 이기적인 인간만이 살아남아야 한다. 그런데 아직도 배려심과 공정성이 사회 곳곳에서 힘을 발휘하고 있음은 결국 이타주의가 진화에 더 유리했다는 사실을 반증하고 있다.

물론 여기서 말하는 이타주의는 순수한 이타주의라기보다 이타적 이기주의에 가깝다. 즉, 상호 협력이 자신에게 도움이 되기에 이타심을 발휘하는 것이다. 인간이 협력을 추구하는 사회적 동물인 것도 함께 모여 협력하며 살아가는 것이 자신의 생존에 유리한 길임을 깨달았기 때문이다. 이기적인 본성을 지녔지만 자신의 이익을 위해 이타적으로 행동하려는 인간이 탄생한 셈이다.

그런 점에서 남을 짓밟으려는 경쟁적 이기주의를 처벌하려는 공정성도 이해할 수 있다. 그런 행동을 처벌하지 않으면 그 행동은 퍼져 나가 공동체 전체에 위해를 가할 수 있기 때문이다. 이기적인 경쟁 본능을 지닌 사람들 간의 협력 관계를 지속시키기 위해선 이기적인 행동을 규제해야만 한다. 오순도순 더불어 살아가는 마을에서 자기 이익만을 챙기려 사람들에게 해를 끼치는 이는 바로 쫓겨날 수밖에 없다.

인류는 협력을 통해 발전해왔다

아프리카 사파리 여행을 하던 두 친구가 도중에 사자를 만났다. 한 친구는 얼른 도망가려 하는데, 다른 친구는 사자의 눈치를 살피며 가방에서 운동화를 꺼내 신었다. 이를 본 친구는 "운동화를 신는다고 사자보다 빨리 뛸 수 있다고 생각해?"라고 물었다. 이에 다른 친구는 다음과 같이 대답했다고 한다.

"아니, 너보다 빨리 뛰기만 하면 돼."

세계적인 경영 구루 오마에 겐이치 Omae Kenichi 가 경쟁 전략을 빗대 말한 것으로, 하버드대학교 법학대학원 학장이 매년 신입생들에게 들려주는 이야기이기도 하다. 섬뜩한 내용이지만, 냉정한 현실을 적나라하게 표현하고 있다. 재난 영화에도 자주 등장하는 레퍼토리다. 관객들은 혼자만 살겠다는 그런 이기적인 행동에 야유를 보내지만, 실제 현실에선 정당한 경쟁이란 명분을 내세워 당당하게 벌어지고 있다.

우리는 너 죽고 나 살기 식의 경쟁을 당연하게 여긴다. 때론 괴로워하고 때론 후회하기도 하지만, 그게 현실이라며 이내 받아들인다. 하지만 이는 잘못된 시선에서 비롯된 착각이다.

정말로 인간은 경쟁 승리만을 추구하며 만인에 대한 투쟁으로 일관해왔을까? 이타적 이기주의가 인류를 다른 동물과는 차별적인 존재로 만들었음은 인류의 역사를 통해 증명하고 있다. 원시인들은 타고난 조건의 불리함 속에서 척박한 자연환경을 이겨내기 위해 부락을 형성해야만 했다. 또한 구성원들 간의 협력도 매우 중요했다. 식량을 얻고, 자녀를 양육하고, 적대적 이웃으로부터 방어하는 데 있어 함께 모여 협력하는 게 유리하기 때문이다. 그래서 그들은 함께 무기를 만들고, 사냥하고, 부락을 지켰다. 사자를 만날 때마다 홀로 살겠다며 도망쳤다면 백수의 제왕 사자를 제압하지 못했을 것이다.

특히 인류는 여타 동물과 달리 낯선 이들과도 협력했다. 이는 어느 동물에게서도 찾아볼 수 없는 특징이다. 의사소통할 수 있는 언어 능력이나 인지 능력 등이 발달되었기에 가능하였을 것이다.《협력하는 종》

을 쓴 세계적인 경제학자 새뮤얼 보울스Samuel Bowles 도 "인간이 지구를 지배하게 된 것은 경쟁과 협력 사이에서 균형 잡는 법을 배웠기 때문이다."라고 말했다.

사실 경쟁적 이기심이 가득한 사람이 많은 집단일수록 생존 확률이 낮았을 것이다. 반면에 협력이 원활한 집단은 세력을 더욱 키웠을 것이다. 이런 결과들이 축적되어 인류는 이타적 이기주의로 무장한 협력하는 종으로 진화했다. 새뮤얼 보울스도 "인간은 역사적으로 이기적인 행위를 통해 별다른 이득을 얻을 수 없음을 체감해 왔다."라고 말했다.

무한경쟁을 신봉하는 시대에 살다 보니 종종 우주를 탐험하는 등 지금의 과학 문명을 이루게 된 원동력이 협업 덕분이었음을 망각한다. 인류 역사를 보면 대부분의 시간은 협력으로 점철되어 있다. 만약 경쟁에만 몰두했다면 인류가 지구를 지배하는 일은 벌어지지 않았을 것이다. 획기적인 진전을 이룬 위대한 발명 역시 대부분은 경쟁의 산물이 아니라 거인의 어깨 위에 올라선 이들이 남긴 결과물이다. 그럼에도 마치 인간은 태초 때부터 경쟁을 가장 핵심적인 본능으로 여기며 살아온 것처럼 호도하고 있다.

이처럼 현실은 거대한 협력의 물줄기 속에 작은 경쟁들이 담겨 있다. 인류 역사상 등장했던 모든 사회 제도들은 이타적 이기주의에 기반한 공동체를 구축하기 위한 수단이었다. 현대 사회의 제도들 역시 마찬가지다. 개인 권리는 최대한 보장하면서도 구성원 모두가 공동체를 유지하기 위해 함께 협력해야 함을 강조하고 있다.

이런 진화의 결과는 개인적인 성공에도 영향을 미치고 있다. 우리는 일반적으로 남들을 짓밟고 이기려는 이기적인 사람들이 성공하리라 생각한다. 하지만 이런 성공에 대한 기존 통념을 미국의 조직심리학자 애덤 그랜트Adam Grant는 완벽하게 뒤집었다. 이타적인 사람이 더 크게 성공한다는 것이다.

그는 자신의 저서 《기브앤테이크》에서 성공 사다리의 꼭대기는 다른 이들에게 베푸는 기버Giver들이 차지한다고 주장했다. 반면에 남보다 자신이 더 많이 챙기길 원하는 경쟁 지상주의자 테이커Taker들은 의외로 크게 성공하지 못한다고 밝혔다.

경쟁만 고려하면 베푸는 행위는 손해를 자초하는 꼴이다. 베푸는 이들은 경쟁에서 이기려는 이들에겐 손쉬운 먹잇감으로 전락할 가능성이 높다. 그런데도 이런 결과가 나오는 이유는 이타적인 행동에 호감을 느끼기 때문이다. 이는 인종과 민족, 국가에 상관없이 모든 사람들에게 적용된다. 인류가 이타적 이기주의를 강화하는 방향으로 진화했다는 점에서 볼 때 당연한 결과다. 결국 이타적으로 행동할수록 인맥을 구축하는 등 인간관계에선 이익을 얻을 가능성이 높다.

성공의 길로 나아갈수록 더더욱 협력관계가 성패를 좌우하는 열쇠다. 그 누가 경쟁적인 사람을 선뜻 도와주려 할까? 자기 잇속만 챙기려는 이를 만나면 누구나 경계심을 품고 도와주려 하지 않을 것이다. 아니, 이들을 응징하려는 모습마저 보일 것이다. 반면에 평소에 잘 베풀었던 이에겐 어떻게든 도움을 주려 하는 게 인지상정이다.

결국 베풂은 단기적으론 손해인 것 같아 보이지만, 장기적으론 자신에게 이익이 되는 행위다. 주아 드 비브르 호텔 창립자인 칩 콘리Chip Conley도 이렇게 말했다. "베풂은 100미터 달리기에는 쓸모가 없지만, 마라톤 경주에서는 진가를 발휘한다."

경쟁 지향적인 미국 자본주의의 진실

그럼에도 경쟁만을 찬양하는 이면에는 20세기 후반 동구권의 붕괴와 함께 찾아온 미국 자본주의의 득세가 자리를 차지하고 있다. 하지만 이를 경쟁 패러다임의 승리로만 볼 수 있을까? 그렇지 않다. 사실 미국 경제가 강력한 힘을 발휘하는 이유는 따로 있기 때문이다. 팍스 아메리카나를 토대로 다른 나라의 부를 착취하는 글로벌 시스템이 바로 그것이다. 이를 구체적으로 살펴보면 다음과 같다.

첫째, 미국은 세계 최강의 군사력을 바탕으로 글로벌 경제를 좌지우지하고 있다.

20세기 후반 소련을 비롯한 동구권이 몰락하자, 더 이상 미국을 견제할 세력이 사라져버렸다. 이제 미국은 마음 놓고 자기 이익을 챙기는 데 혈안이 되었다. 2003년 있지도 않은 대량살상무기를 제거해야 한다며 이라크를 침공한 게 대표적이다. 말로는 세계 평화를 외치면서 이라

크를 미국의 잔칫상으로 만들었다. 최근 세계 각국을 대상으로 관세 폭탄을 부과하는 모습에서, 국제적으로 공인된 이란과의 핵합의를 버젓이 파기하는 모습에서, 분쟁을 격화시킬 수 있음에도 예루살렘으로 대사관을 이전하는 모습에서 우리들의 일그러진 영웅을 만난다.

둘째, 달러의 기축통화 지위를 활용해 다른 나라의 자본이 미국 내로 유입되는 효과를 창출한다.

세계 각국은 지급 불능 사태에 대비하고 환율 안정을 도모하기 위해 기축통화 외환을 보유한다. 당연히 달러는 가장 강력한 글로벌 기축통화다. 그러다 보니 세계 각국은 달러를 보유하기 위해 미국으로부터 달러 종이를 받는 대신 자신의 실질적인 부를 미국에게 안겨주고 있다.

셋째, 일본과 중국 등이 미국 재정 적자를 충당할 재무부 채권을 매입해주고 있다.

현재 글로벌 경제는 세계 각국이 과잉 생산하고, 이를 미국이 과잉 소비해 주는 시스템으로 작동되고 있다. 이 시스템이 정상적으로 작동하려면 미국이 과소비를 지속할 여력이 있어야 한다. 그중 하나가 바로 재정 적자다.

그런데 재정 적자를 충당할 자금이 없다면 이 시스템이 지속 가능하지 않을 것이다. 이에 일본과 중국이 나서서 재무부 채권을 매입해 보전해준다. 만약 다른 나라들이 채권을 매입하지 않으면 아무 소용 없지 않겠느냐고 생각할 수 있지만, 어떤 국가도 감히 미국에게 그런 요구를 하거나 거부하지 못한다. 빌려준 쪽에서 상환 요구를 못한다면, 필요할 때마다 계속 매입시킬 수 있다면 문제가 될 리 없다. 물론 일본과 중국 등 채권 국가 입장에서도 재무부 채권을 매입할 수밖에 없는 사정이 있다. 과잉 생산을 해소해야 하는 그들에게 미국 외에는 마땅한 소비처가 없기 때문이다.

결론적으로 미국 자본주의의 득세는 강력한 경쟁 체제가 아니라, 세계 각국의 부를 착취하는 글로벌 시스템에 기인한다. 고속 성장으로 인해 경쟁의 부정적 측면이 묻혀 버리듯이, 글로벌 착취는 미국 내 경쟁의 민낯을 가려주고 있다. 하지만 가끔씩 그 민낯이 공개될 때가 있다.

세계를 충격에 빠뜨렸던 카트리나 재해가 대표적이다. 2005년 8월 허리케인 카트리나가 미국 남부 뉴올리언스를 덮쳤다. 삽시간에 뉴올리언스는 물에 잠겼고, 미처 대피하지 못한 수만 명이 도심에 고립되었다. 하지만 진짜 재해는 그 이후에 벌어졌다. 고립된 며칠 동안 약탈과 방화, 강간, 총격이 난무하는 무법천지가 되었기 때문이다. 경찰관들마저 약탈에 가담했다고 하니 할 말이 없다. 주방위군 소속 구호 헬기에 총을 쏘기도 하고, 긴급 환자를 수송하던 응급 차량을 노린 저격 사건도 벌어졌다고 한다.

이외에도 1967년 디트로이트 폭동이나 1992년 재미교포들에게 큰 피해를 입혔던 LA 폭동처럼 주기적으로 일어나는 인종 차별 사태나 무차별 총기 난사 사건 등을 보면 경쟁의 이면에 감춰진 모습들이 드러난다. 공동체가 위기에 처했을 때 자기만 살겠다며 남을 짓밟는 구성원들만 있는 공동체는 지속될 리 없다. 계속되는 외적의 침략에도 일반 민초들이 의병을 조직, 목숨 걸고 싸웠기에 지금의 대한민국이, 한민족이 건재할 수 있었다. 그런 공동체 정신이 세계 최강대국인 미국에선 잘 보이지 않는다. 지금의 미국은 겉으론 화려해 보이지만 외부로부터 유입되는 부로 연명하는 사회인지 모른다. 어쩌면 부의 유입이 끊기는 순간, 만인에 대한 투쟁 정신이 미국을 와해시킬지도 모른다.

경쟁은 언제나 최고의 성과를 창출할까?

19세기 말 미국 심리학자 노먼 트리플렛Norman Triplett 은 '경쟁이 성과를 높일 수 있다'는 논리를 증명하기 위해 사이클 선수들이 홀로 탈 때와 다른 선수들과 함께 탈 때의 기록을 비교하는 실험을 했다. 결과는 예상대로였다. 성과 창출에 미치는 경쟁의 긍정적인 효과를 확인한 것이다. 일례로 한 선수는 홀로 할 때 1마일을 2분 49초에 주파한 반면, 함께 탈 때는 2분 37초로 줄었다. 또한 10마일을 홀로 할 때는 33분 17초였는데, 함께 타니까 2분이나 줄었다고 한다. 서로 경쟁하니까 더욱 열심히 페달을 밟아 기록 단축이라는 결과를 얻은 것이다.

이는 비단 사이클 경기에만 해당되는 건 아니었다. 아이들에게 낚싯대를 주고 낚싯줄을 최대한 빨리 감아보게 한 실험에서도 역시 홀로 할 때보다 다른 아이가 옆에 있을 때 더 빨리 감았다고 한다.

과잉 경쟁은 오히려 성과를 저해한다

경쟁자가 있으면 자연스럽게 이기려는 욕구가 강하게 발동한다. 이는 성과를 보다 높게 창출하려는 동기로 이어져, 사회 전체적으로 성과가 향상되는 결과로 귀결될 것이다. 그렇다면 경쟁이야말로 최고의 성과를 창출하는 수단이 아닐까?

하지만 이는 인간의 복합적인 심리나 다면적인 현실 상황을 무시한 일차원적인 접근이다. 물론 경쟁이 인류의 발전을 이끌지 않았다는 건 아니다. 경쟁이 전혀 없는 상황에서 경쟁이 도입되면 성취동기가 증가하는 건 사실이다. 하지만 경쟁이 격화되어 과도한 방향으로 치달으면 오히려 사람들의 성취동기를 꺾어버리는 요소로 작용한다. 아무리 해도 승자가 될 수 없다면 누가 노력을 기울이려 할까?

한 번의 승리로 과실을 얻을 수 있다면 해볼 만하다. 하지만 한두 번이 아니라 수십 번 경쟁해서 이겨야 승자가 될 수 있다면, 그건 다른 문제다. 그런데 지금의 무한경쟁 사회는 평생에 걸쳐 끊임없이 승리를 요구한다.

조직의 상위 직급은 무능한 인물로 채워질 수밖에 없다는 피터의 법칙을 아는가? 미국 컬럼비아대학교 교육학 교수 로렌스 피터Laurence Peter가 1969년 발표한 피터의 법칙은 조직 관료의 무능화 현상을 설명한다. 조직의 각 계층마다 모두 무능한 사람으로 채워지는 데, 그 이유가 유능하다고 승진시키다 보면 감당할 수 없는 지위에까지 올라감으로써 결국엔 무능한 지경에 이르게 된다는 것이다.

뜬금없이 조직 관료의 무능화를 말하는 이유는 경쟁의 사다리 오르기 역시 마찬가지이기 때문이다. 끊임없는 경쟁은 언젠간 자신의 능력으론 이길 수 없는 경쟁의 장에까지 오르게 만든다. 물론 이는 패배자로 전락하는 결과로 이어질 게 자명하다.

경쟁의 긍정적인 효과는 노력하면 결과를 얻을 수 있다는 믿음이 있는 한 유효하다. 승자 독식이라는 약육강식의 정글로 변한 경쟁 사회는 안식처가 될 수 없다. 결국 과도한 경쟁으로 인한 비용은 이익을 넘어 사회 전체적으로 손실이 될 가능성이 높다. 미국의 26대 대통령 테오도르 루스벨트Theodore Roosevelt도 이렇게 말했다. "경쟁은 어느 선까지는 유용하지만, 그 이상은 그렇지 못하다."

20세기 후반 소련을 비롯한 공산주의 국가들이 무너진 것도 엄밀히 말하면 경쟁이 없어서가 아니라, 노력과 보상 간의 연계가 끊어졌기 때문이다. 열심히 일하나, 쉬엄쉬엄 일하나 결과가 같다면 성취동기가 생길 리 만무하다.

과거 중세 봉건주의가 무너지고 자본주의 체제로 전환된 것 역시 보상 연계가 되지 않았기 때문이다. 토지를 소유한 영주와 귀족들만이 부를 독점하다 보니 아무리 노력해도 얻을 수 없는 시스템에 사람들은 분노했다.

그런데 최근의 무한경쟁은 현대 사회를 과거의 중세 봉건주의로 되돌리고 있다. 지금처럼 경쟁이 소수의 승자 독식으로 귀결된다면, 중세 말의 절망과 분노가 다시 찾아올 것이다. 20세기 공산주의 국민들처럼 아무리 노력해도 보상받을 수 없다는 사실에 성취 의지를 놓아버릴 것이다. 그러다 언젠가는 이판사판이라는 심정으로 체제 전복을 도모할지 모른다. 역사가 이를 말해주고 있지 않는가?

적절한 경쟁도 내적 동기보다 못하다

그럼 적절한 수준의 경쟁은 이기려는 욕구를 자극해 최고의 성과를 창출하지 않을까? 불행히도 그렇지 않다. 경쟁의 긍정적인 효과를 인정한다 해도 내적인 동기 부여보다는 못하기 때문이다.

여기서 의문이 하나 떠오른다. 앞서 트리플렛의 실험에서 홀로 할 때보다 함께할 때 기록 단축을 이끌었다고 했다. 스스로 해보겠다는 의지로 홀로 할 때보다 경쟁할 때 성과가 더 높게 나왔다. 그런데도 경쟁 효과를 깎아내리는 이유는 뭘까?

먼저 외적인 보상이 성과 창출에 효과적이지 않다는 사실을 들 수 있다. 경쟁자는 당연히 경쟁의 결과물인 승리를 거두는 데 주안을 둔다. 경쟁이 성과를 창출하는 효과 역시 외적인 보상인 승리를 쟁취하고 싶은 욕구에 기인한다. 그런데 많은 심리학 전문가들은 경쟁 승리라는 보상이 성취동기를 부여하는 자극제로는 별 효과가 없다고 주장한다.

대표적으로 자기 결정성 이론으로 유명한 세계적인 심리학자 에드워드 데시 Edward Deci를 만나보자. 그는 '당근과 채찍'으로 행동을 유도하는 스키너 B. F. Skinner의 행동주의 이론을 비판하며, 사람은 스스로 결정하고 책임질 때 동기부여가 최고조가 된다고 주장했다. 즉, 돈이나 명예, 권력 등 외적인 보상은 자율성에 기초한 내면의 동기보다 못하다는 것이다. 실제로 외부에서 주입된 동기보다 스스로 부여한 동기가 보다 높은 성과를 창출하고 장기적으로도 지속된다고 한다.

일례로 카네기멜론대학교 학생들을 대상으로 한 퍼즐 완성 게임 실험을 살펴보자. 한 집단은 퍼즐 형상 하나를 완성하면 1달러를 주는 식으로 보상했고, 다른 집단은 전혀 보상을 주지 않았다. 이렇게 30분 정도 실험한 후, 실험이 끝났음을 알리며 8분 정도 잠시 혼자 기다려달라고 요청했다. 진정한 실험은 그때부터였다. 그 8분 동안 피험자의 행동을 관찰하는 게 핵심이기 때문이었다. 방에는 퍼즐 외에도 학생들이 관심을 가질 만한 잡지들을 놓아두었다.

결과는 흥미로웠다. 금전적 보상을 받은 학생들은 즉각 퍼즐 놀이를 그만두었다. 반면에 전혀 보상을 받지 않은 학생들은 퍼즐 놀이에 대한 관심을 끊지 못했다. 흥미로운 퍼즐 게임이 보상을 얻기 위한 수단으로 변질되자, 보상이 사라지는 순간 퍼즐 게임을 해야 할 동기마저 무력하게 만들었다.

이런 결과는 유치원이나 고등학생을 대상으로 한 실험에서도 마찬가지였다. 상품이나 상장, 성적 등 보상을 바꾸어도 결과는 동일했다. 또한 외적 보상만을 추구하는 동기 부여는 문제 해결 능력도 떨어지고, 직관이나 창의성도 기대할 수 없으며, 장기적으로 행동을 유도하기 어렵다는 사실도 여러 다른 연구에서 밝혀졌다.

일반적으로 보상은 주어질 때에만 동기 부여 효과가 있다. 주어지던 보상이 사라지거나, 보상 받을 가능성이 낮을 경우엔 성과를 창출하려는 동기가 확연히 꺾인다. 결국 외적인 보상은 성취동기를 강하게 유발하기 어렵다. 성적과 같은 경쟁 승리의 결과물도 외적인 보상이라는 점에서 경쟁 역시 동기 유발 효과가 떨어진다고 볼 수 있다.

그런데 경쟁 승리를 외적인 보상으로만 볼 필요는 없다는 반론을 제기하는 이들도 있을 것이다. 즉, 승리의 기쁨이 내면의 동기로 연결된다면, 경쟁 승리도 성과 창출에 효과적일 수 있기 때문이다.

이를 확인하기 위해 에드워드 데시는 추가로 로체스터대학교 학생들을 대상으로 조교와 함께 나란히 앉아 경쟁하는 퍼즐 완성 실험을 진행했다. 한 집단에게는 조교보다 빨리 완성하는 게 목표라고 말했고, 다른 집단에게는 그냥 빨리 완성하라고만 말했다. 그런데 이 게임에서 조교는 경쟁에서 언제나 지도록 해, 피험자들이 3번 연속 이기는 결과를 유도했다. 그럼 승리를 만끽한 피험자들은 이 게임을 계속할 동기가 높아졌을까? 역시 결과는 정반대였다. 그저 즐기기만 했던 이들보다 퍼즐을 계속하려는 욕구가 크게 떨어졌다.

이는 다른 실험에서도 마찬가지였다. 대학생들을 두 집단으로 나눠 3

시간 동안 뇌신경학을 공부하는 실험을 진행했다. 공부하기에 앞서 한 집단에게는 시험을 본다고 말했으며, 다른 집단에게는 남들에게 가르친다고 말했다. 3시간이 지난 후 두 집단 모두에게 시험을 보았다. 물론 교육 목적으로 공부한 학생들은 생각지도 못한 시험을 본 셈이었다. 그런데도 결과는 교육 목적으로 공부한 학생들의 성적이 시험 목적으로 공부한 학생들보다 더 높았다고 한다.

일본의 교육심리학자 마사하루 카게鹿毛雅治의 실험에서도 동일한 결과가 나왔다. 성적에 반영한다고 말한 집단의 학생들보다 성적에 반영하지 않는다고 한 집단의 학생들 성적이 더 높았다고 한다.

결국 경쟁 승리는 일반적으로 내면의 동기로 발전되지 않고 외적인 보상으로만 남아 있는 셈이다.

그렇다 하더라도 외적인 보상 중심에서 벗어나 내적인 동기화로 유도할 수만 있다면 경쟁의 긍정적인 효과를 높일 수 있지 않을까? 높은 성적을 올리기 위해 하더라도 이를 가치 있는 일로 여기며 자기 꿈을 펼치기 위해 열심히 공부하겠다고 다짐하는 학생이 그러하다. 그런데 현실은 녹록지 않다. 이런 내면화를 경쟁의 압박과 긴장이 방해하기 때문이다. 경쟁 자체를 외부의 공격으로 느껴 일에 전념하지 못하기 때문이다. 특히 경쟁의 결과가 미치는 영향이 클수록 부정적인 효과는 더욱 강해진다.

경쟁은 단순 작업이나 단기적인 문제를 해결할 때, 이해관계가 그리

크지 않을 때 성취동기를 자극한다. 반면에 이해관계가 크게 갈리고 경쟁의 결과가 심각한 영향을 끼치는 상황에선 역효과를 낼 가능성이 높다. 이겨야 한다는 부담감과 패배에 대한 두려움은 생산성의 하락으로 이어지고, 부정행위와 부패, 환멸 등이 필연적으로 따를 수밖에 없다.

텍사스대학교 로버트 헴리치Robert Helmreich 교수는 의욕적인 이들 중에서 경쟁심이 강한 사람이 오히려 실적이 낮다는 사실을 밝혔다. 구체적으로 의욕적인 103명의 박사들을 대상으로 그들이 얼마나 경쟁적인지 정도를 나타내는 경쟁성과 논문 인용에 따른 실적의 상관관계를 조사했다. 그 결과 경쟁성이 강한 사람일수록 논문 인용 정도가 낮았다고 한다. 또한 MBA 졸업생을 대상으로 경쟁성과 보수의 관계를 조사한 결과에서도 경쟁성이 낮은 사람의 평균 연봉이 높았다.

그런데 이는 앞서 살펴본 '경쟁이 성과를 높일 수 있다'는 트리플렛의 주장과는 상반된다. 하지만 이 역시 다른 연구자들에 의해 경쟁자가 아니라 다른 사람과 함께 있는 것만으로도 성과가 올라간다는 사실이 밝혀졌다. 관중이 있는 것만으로도 성과가 올라간다는 사실도 알게 되었다. 이는 다른 사람의 존재가 긴장감을 더해 성취동기를 북돋았기 때문이었다. 즉, 경쟁에서 이겨야 한다는 승부욕 때문이 아니라 함께한다는 사실만으로 성과가 올라간 것이다. 전문가들은 이를 사회적 촉진social facilitation이라 부른다.

이렇듯 경쟁이 성과를 창출하는 데 효과적이라는 주장의 근거는 미약하다. 물론 단순한 일이나 단기적인 상황에서는 어느 정도 긍정적인 효과를 발휘할 수 있겠지만 말이다.

승리만을 갈구하는 경쟁은 독이 된다

앞서 경쟁도 효과가 떨어지긴 하지만 어느 정도 긍정적인 영향력을 발휘할 수 있다고 말했다. 그런데 어떤 이들은 오로지 승리만을 위해 수단과 방법을 가리지 않기도 한다. 이런 식의 승리만을 갈구하는 경쟁은 오히려 장기적으로 치명적인 독이 될 공산이 크다.

눈에 넣어도 아프지 않을 귀여운 내 둘째 딸은 초등학생 시절에도 잔머리를 잘 썼다. 문제를 풀 때도 정석대로 푸는 방식보다 쉽게 정답을 찾을 수 있는 지름길만을 고민하던 아이였다. 어느 날 얇은 책을 읽고 있는 딸애를 보고 이렇게 말했다.

"넌 이제 초등학생이야. 그런 얇은 책은 유치원 때나 보는 거야."

그러자 초롱초롱한 둘째 딸이 의기양양하게 반박했다.

"독서 일기를 쓸 때에는 이런 얇은 책이 좋아. 금방 읽고 내용만 정리하면 되니까."

지금은 그런 자세를 고쳐 제대로 된 방향으로 나아가고 있어 다행이라는 생각이 들지만, 그때의 심정은 결과 중심의 교육에 물음표를 던질 수밖에 없었다.

사실 결과만 중요하게 여기는 경쟁에선 보여주기 식의 성과에 몰두하기 쉽다. 성적만 잘 나오면 된다는 생각에 학문적으로 파고들고 싶은 어려운 과목보다 성적을 잘 받을 수 있는 쉬운 과목을 선택한다. 독서상을 받기 위해 쉽고 얇은 책만 골라 읽거나, 대충 읽고도 읽은 티를 낸다. 논문 편수에 따른 업적 평가는 무분별한 논문 발표로 이어진다. 부정행위와 불법은 걸리지만 않으면 된다.

이런 행동의 결과는 자명하다. 독서나 공부의 즐거움은 이미 관심 밖이다. 자신에게 도움이 되는 실력으로 축적되지 않기에 장기적으로도 손해다. 어려운 과목을 선택해 파고들거나 중요한 연구에 집중했다면 종국엔 엄청난 성과로 이어졌을 텐데 아까운 시간과 노력만 낭비한 꼴이다.

이처럼 당장의 경쟁 승리에만 매달리다 인생을 망치는 경우는 흔히 볼 수 있다. 어릴 때부터 경쟁 체제에 노출된 우리나라 스포츠 선수들이 그러하다. 하나같이 성인이 되면 실력이 정체되거나 뒤쳐지는 이유도 그 때문이다. 피 말리는 경쟁 체제에서 지속적으로 담금질해왔기에 우리 선수들이 외국 선수보다 훨씬 뛰어나야 할 것 같은데 현실은 그렇지 않다.

이는 비단 스포츠만의 문제가 아니다. 학창 시절 미친 듯이 공부하던 실력들이 정작 사회에 나오면 눈 녹듯이 사라진다. 세계 국가 학력 평가에서 상위권을 차지할 정도로 우수하던 중·고등학생들의 학력이 어디로 사라졌을까? 결국 시험을 잘 보기 위한 능력일 뿐, 진정한 실력으로 축적된 건 아니라는 의미다.

게다가 승리만을 갈구하는 경쟁은 협력할 동기도 약화시킨다. 앞서 성과를 창출하기 위해선 다른 사람과의 협업이 중요하다고 했다. 그런데 승리만을 갈구하는 경쟁적인 사람들은 다른 사람과 협력하는 데 소극적이다. 아니, 협력하는 것 자체를 거부할 가능성이 높다. 결과적으로 이는 성과 창출을 방해하는 요소로 작용한다.

미국 저가 항공의 대명사인 사우스웨스트 항공보다 먼저 시작했던 피플 익스프레스 항공의 실패도 그 때문이었다. 피플 익스프레스 항공은 고액 연봉의 명문대 출신 MBA들을 대거 채용해 성과주의에 따라 경영했다. 그런데 이 전략은 성과급 보상만을 바라는 문화와 경쟁적인 직원들 간의 협업 부족으로 이어져 파산하는 지경에 이르게 만들었다. 반면 사우스웨스트 항공은 평범한 B급 인재들을 모아 함께하는 문화를 구축함으로써 세계적인 항공사로 발돋움하게 되었다고 한다.

상대 평가의 함정

우리는 상대 평가에 익숙하다. 학창 시절 성적에 따라 순서대로 앉기도 하고, 시험 성적이 1등부터 꼴찌까지 공개되기도 했다. 이렇듯 성적을 강조했던 이유는 이를 자극제로 더욱 열심히 하기 바라는 마음에서였다.

하지만 현실은 정반대로 흘렀다. 성적이 뒤쳐지는 이들은 아예 공부 자체를 포기했다. 그렇다고 성적이 뛰어난 이들에게 동기 부여된 것도 아니었다. 피 말리는 경쟁은 공부에 대한 흥미를 떨어뜨리기 때문이다.

그런데도 경쟁 지향적인 평가는 점점 더 확산일로에 있다. 내신이 대학 입학을 좌우하게 되자, 학교에서의 하루하루는 피 말리는 경쟁의 연속이 되어버렸다. 말로는 다양성을 추구하고 협동 학습을 강화한다고 하지만, 이 모든 게 성적으로 직결되다 보니 의미가 크게 퇴색되어 버렸다. 숙제 하나에도 목숨 걸어야 하는 게 요즘 학생들의 일상이다.

결과는 경쟁으로 서열을 가리려 하면서, 과정에서 아무리 협동 학습을 외치면 아무 의미가 없다. 사실 협동 학습이 경쟁 학습보다 효과가 뛰어나다는 점은 여러 실험에서도 증명된 바 있다. 똑똑한 학생이 협동 학습으로 피해를 본다고 생각하지만, 실제론 오히려 도움이 된다고 한다. 친구들을 가르치는 과정에서 더 많은 것을 배울 수 있기 때문이다. 그럼에도 협동 학습이 문제되는 이유는 협동 학습의 결과를 평가에 활용하기 때문이다. 괜히 열등한 친구와 협동 학습함으로써 자신의 성적이 떨어진다면 누가 좋아할까? 이렇듯 강력한 경쟁 패러다임은 협동 학습마저 경쟁 평가의 수단으로 변질시켜 효과를 잃어버리게 만든다.

기업 임직원들을 대상으로 하는 상대 평가 역시 기업 자체의 존망을 뒤흔들기도 한다. 협업해야 하는 임직원들끼리 이기기 위해 다투기만 한다면 그 결과는 자명하다. 2013년 마이크로소프트는 10년 넘게 운영했던 스택 랭킹 stack ranking 시스템을 폐지한다고 발표했다. 이 시스템은 상대 평가에 기반한 인사 제도로, 모든 구성원들을 5등급으로 나눈 뒤

맨 하위 등급을 받은 직원은 퇴출시키는 것으로 악명 높았다. 그런데 악명은 거기에만 그치지 않았다. 직원들 간의 살벌한 경쟁으로 인해 내부 협력은 사라지고 공동체가 파괴되는 지경에 이르렀기 때문이다. 직원들은 내부 동료들을 밟고 올라서는 데에만 집중했으며, 관리자들 역시 권력 투쟁의 도구로 활용했다. 2012년 7월 미국 월간지 〈베니티 페어〉가 '마이크로소프트의 잃어버린 10년'이라는 기사를 실으며, 그 주범으로 스택 랭킹 시스템을 꼽기도 했다. 상대 평가 인사 시스템으로 유명한 GE가 2001년에 폐기한 제도를 도입했다가 마이크로소프트의 근간을 뒤흔든 셈이었다.

지금과 같은 무한경쟁 시대에는 상대 평가에 기반한 성과주의가 당연하게 보일는지 모른다. 그런데 경쟁 지향적인 미국에서, 그것도 성과에 예민한 대기업들을 중심으로 상대 평가의 폐단을 말하고 있는 게 지금의 현실이다.

이제 내부 경쟁이 최고의 성과를 창출한다고 말하지 말자. 그나마 단순 작업에 기반한 대량 생산 시대에는 유효했는지 몰라도, 창의적인 아이디어가 중요한 지금엔 그 효과를 장담할 수 없다. 탁월한 아이디어와 혁신적인 제품은 피 터지는 내부 경쟁 문화에선 탄생하지 않는다.

현재 포춘 500대 기업 중 30% 정도만이 상대 평가 제도를 유지하고 있다고 한다. 30%도 많아 보일는지 모른다. 하지만 이들이 글로벌 무한 경쟁의 최일선에 서 있는 초일류기업들임을 감안하면 경쟁 패러다임에 젖어 있는 우리에겐 다소 충격적인 수치라 할 수 있다. 물론 그 비율이 앞으로 점점 더 줄어들건 자명하다. 이제 한물간 경쟁 패러다임을 버릴 때가 되었다.

올림픽 대회를 보면 은메달을 딴 선수가 고개를 떨구는 걸 심심찮게 본다. 사실 세계 2위의 성적은 그것만으로도 엄청나다. 그런데도 이를 실패로 받아들이는 분위기, 이건 아니지 않는가?

3장

성공의 길이라 믿었던 경쟁의 배신

인생이 고달픈 이유는 경쟁적 성공이
행복의 요소라 믿기 때문이다.
_ 아더 쇼펜하우어

경쟁적인 사람이 더 크게 성공한다고?

어릴 때부터 항상 1등을 놓치지 않으려 노력했다. 2등은 죽기보다 싫었다. 어쩌다 1등을 놓치면 억장이 무너졌다. 밤을 새며 공부해서라도 다음 달엔 다시 탈환했다. 그렇게 악착같이 공부한 끝에 서울대학교에 입학할 수 있었다. 대학 시절에도 성적은 지상 최대의 목표였다. 그 결과 우수한 성적 결과를 쥐고, 모두가 선망하는 삼성전자에 입사했다.

물론 입사해서도 승진 경쟁에서 밀리지 않으려 야근도 마다하지 않고 일했다. 월화수목금금금은 당연한 나의 일상이 되었다. 어차피 인생은 경쟁의 연속이다. 경쟁에서 승리하는 사람만이 성공을 쟁취하는 법이다. 마침내 뼈빠지게 일한 보상이 찾아왔다. 기업의 별, 임원으로 승진한 것이다.

이제 몇 년 동안 임원을 하고 난 뒤 은퇴해 조그만 빌딩 하나 사서 노후를 즐기며 살 계획이다. 이 정도면 성공한 인생 아닐까?

사회적 성공 요소로 살펴본 경쟁의 배신

우리는 모두 성공을 꿈꾼다. 글로벌 무한경쟁이 일상화된 세계화 시대를 맞아 경쟁적인 이 사회가, 경쟁적인 삶이 싫다고 여기면서도 경쟁에 동참하는 이유도 바로 그 때문이다. 어차피 경쟁적인 사람만이 성공을 쟁취하는 게 현실이라 여긴다.

학창 시절 1등을 도맡아 하고 일류 대학을 나와 대기업에 입사해 승승장구하는 승자의 길, 그 얼마나 멋진가? 하지만 앞서 말했듯이 이 길은 너무 좁아 소수의 사람에게만 허락할 뿐이다. 그렇다 하더라도 어쨌든 그 방법이 성공으로 가는 길이지 않느냐고 반문하는 이들도 있다. 하지만 진짜 현실은 그리 녹녹하지 않다. 경쟁적으로 사는 삶은 오히려 성공과는 거리가 멀 가능성이 높기 때문이다.

인생의 진정한 행복을 찾는 게 성공이라는 식의 궤변을 늘어놓으려는 게 아니다. 사회적으로 인정하는 부와 명예, 권력을 성공의 척도로 본다 해도 단순히 경쟁적인 삶 자체만으로는 성공을 쟁취할 가능성은 그리 높지 않다. 아니, 오히려 성공을 방해할 가능성이 농후하다.

왜 그런지 이유를 알아보려면 먼저 사회적으로 성공하는 데 중요한 요소부터 살펴보아야 한다. 전문가들의 의견을 종합해 보면 크게 세 요소를 들 수 있다. 목표 의식과 자세, 인간관계가 그것이다.

첫째, 확고한 목표 의식은 성공의 처음이자 끝이다.

사람은 꿈을 먹고 산다. 꿈이 없다면 하루하루는 어제와 별반 다르지 않은 지루한 일상일 뿐이다. 꿈은 가슴에 열정을 안겨준다. 고난을 이겨낼 힘도, 꿋꿋이 참아낼 인내심도 만든다. 먼 미래에 성공한 자신을 떠올리며 열심히 노력하는 게 사람이다. 목표 의식이 확고해야 한 방향으로 집중할 수 있다. 그런 점에서 목표 의식이야말로 성공하는 데 가장 중요한 요소라 할 수 있다.

간절한 목표는 자신에게 최우선순위로 자리잡게 된다. 다른 일들은 관심 밖이다. 오로지 목표를 달성하기 위해 모든 노력을 집중한다. 1년이고 2년이고 상관없다. 그렇게 일관되게 노력한다면 그 축적의 힘은 엄청날 것이다. 1만 시간의 법칙이 괜히 있는 게 아니다.

하버드 경영대학원 졸업생을 대상으로 한 10년간의 연구를 살펴보자. 1979년 하버드 경영대학원 졸업생들에게 목표 수립에 대해 물었다. 그러자 84%는 별다른 목표를 세우지 않았다고 답했다. 13%는 목표는 세웠으나 세부 계획은 없다고 했으며, 3%만이 목표를 명확히 세우고 세부 계획까지 수립했다고 답했다. 10년이 지난 후 그들의 성공 여부를 추적한 결과는 어떠했을까? 목표를 세웠으나 세부 계획은 없었던 13%의 졸업생은 목표를 세우지 않은 84%에 비해 2배 이상 소득이 높았다. 더욱 놀라운 사실은 목표와 함께 세부 계획까지 세웠던 3%의 졸업생은 목표를 세우지 않은 84%에 비해 무려 10배 이상 소득이 높았다고 한다.

경영 전략에서 비전을 가장 중요시하는 것도 이 때문이다. 비전이 없다면 경영 전략도 있을 수 없다. 전략이란 목표를 달성하기 위한 최적의 수단인데, 목표가 없으니 수단을 선택할 기준이 없기 때문이다. 개인적인 인생 전략 역시 마찬가지다. 당신은 당신의 가슴을 뛰게 할 비전을 가지고 있는가? 10년 후, 20년 후 당신은 어떤 사람이 되고 싶은가? 그 비전이 당신을 성공으로 이끌 수 있다.

그런데 경쟁적인 사람의 목표는 당연히 경쟁 승리다. 그럼 경쟁적인 사람도 목표 의식이 확고하다고 볼 수 있을 것이다. 하지만 다른 사람을 밟고 올라서는 게 목표라면 초라하다는 생각이 들지 않을까? 스포츠처럼 경쟁하는 게 본업인 예외적인 분야라면 몰라도 일반 사람들의 목표로는 적합하지 않다. 가슴에 열정을 품게 하고, 일관되게 노력하게 만들 힘도 부족해 보인다.

게다가 앞서 살펴보았듯이 경쟁 승리는 단기적인 목표로는 적합할지 몰라도 장기적으론 동기 부여하기 어렵다. 또한 승리만을 추구하기에 한두 번의 패배에도 많은 상처를 안고 노력을 멈출 가능성도 높다. 1등은 한 사람밖에 될 수 없는데도 모두가 승리를 목표로 한다면 그 꿈은 환상일 뿐이다.

둘째, 긍정적인 자세와 끈기 있는 습관은 성공의 처음과 끝을 이어 준다.

우리는 재능을 성공의 핵심 요소라 생각한다. 하지만 현실은 그렇지 않다. 재능은 성공에 조금 쉽게 접근할 수 있음을 의미할 뿐, 성공의 필수 조건이 되진 않는다. 1921년 스탠퍼드대학교 심리학 교수인 루이스 터먼Lewis Terman은 캘리포니아 초·중학생 25만 명 중에서 IQ가 높은 천재 1,500여 명을 추려내 35년간 추적 조사했다. 당연히 뛰어난 재능을 가진 천재들이 혁혁한 성과를 기록했을 거라 짐작하겠지만, 결과는 정반대였다. 그들 대부분은 성취 면에서 보통 사람들과 차이가 없었고, 특별히 뛰어나지도 않았다. 결국 스탠퍼드 팀은 반세기에 가까운 연구 끝에 지능은 성공의 주된 요소가 아니라는 결론에 도달했다.

사실 재능은 1만 시간의 법칙 앞에선 아무 것도 아니다. 자신이 선택한 일에 꿋꿋이 최선의 노력을 경주하는 게 성공의 유일한 방법이라는 말은 언제나 유효하다. 인생은 마라톤이다. 일이란 자기 생각대로 흘러가지 않는다. 우여곡절 없는 성공 또한 없다. 어떤 상황에도 굴하지 않고 뚝심 있게 밀고 가려면 목표 의식과 함께 긍정적인 자세가 필수적이다.

삼성그룹 창업자인 이병철 회장도 성공하려면 운運둔鈍근根의 3요소가 필요하다고 말했다. 운이 좋아야 하고, 고지식할 정도로 우둔해야 하며, 끈기 있게 갈 수 있어야 한다는 뜻이다. 모사재인謀事在人 성사재천成事在天이라고 성공은 하늘의 뜻에 달려 있다. 하지만 그 하늘의 뜻을 잡기 위해선 때론 우둔하게, 때론 끈기 있게 기다리며 노력할 줄 알아야 한다. 그리스 철학자 투키디데스Thukydides도 '운명이 가하는 고통에 인내심으로 맞서라'고 했다.

그런데 경쟁적인 자세는 우둔하고도 끈기 있게 한 우물 파는 것과는 거리가 멀다. 경쟁적인 사람은 자신의 능력만 믿고 좌충우돌하기 쉽다. 승리만을 갈구하며 이곳저곳 기웃거린다. 단기적으론 승리를 쟁취하며 성공하는 듯 보이지만, 장기적으론 성공과 거리가 먼 삶일 가능성이 높다.

마지막으로, 인간관계는 모든 성공의 윤활유 역할을 한다.

스탠퍼드대학교의 연구 결과에 따르면, 한 사람이 버는 돈의 12.5%는 그 사람의 지식에서 나오고, 87.5%는 인간관계에서 나온다고 한다. 인간은 사회적 동물이다. 자신만의 힘만으로는 성공을 거머쥐기 어렵다. 모든 문제를 홀로 해결할 수도 없다. 인간관계가 원활하지 않다면 성공은 언제나 저 너머에 있을 뿐이다.

이는 비단 도움을 줄 수 있는 인맥 관리만을 의미하지 않는다. 사람들에게 호감을 얻으면 절반은 성공한 셈이다. 무슨 일을 하든 협력하는 게 필수다. 상사와 동료, 부하와 함께 성과를 창출해야 한다. 고객을 설득하고 협력업체와 원활한 관계도 맺어야 한다. 그런데 비호감이라면 매끄럽게 진행될 리 없다.

그럼 어떻게 해야 호감을 얻을 수 있을까? 자기 이익만 챙기려는 사람을 좋아할 수 있을까? 자신을 존중하고 자신에게 베푸는 사람에게 호감을 갖는 게 당연하다. '남이 해주기를 바라는 그대로 남들에게 베풀라'는 황금률은 만고불변의 진리다. 앞서 애덤 그랜트의 연구 결과에서 보았듯이 이타적인 사람이 더 크게 성공하는 것도 그 때문이다.

그런데 경쟁적인 사람은 가장 싫어하는 유형에 가깝다. 이들은 세상을 경쟁으로 가득 찬 곳으로, 다른 사람들을 모두 자신에게 해를 끼칠 경쟁자로 여긴다. 어떻게든 남들을 밟고 올라서려는 이들에게 호감을 가질 사람은 어디에도 없다. 게다가 사회적인 성공은 대부분 협업을 통해 완성되는데, 모두를 적대시하는 경쟁 사고로는 불가능하다.

결론적으로 목표 의식과 긍정적이고도 끈기 있는 자세, 인간관계 측면에서 볼 때 경쟁적인 성향은 경쟁적이지 않은 성향보다 성공을 이끄는 데 불리한 성향이라 할 수 있다.

'경쟁 승리가 성공'이라는 믿음은 이미 사라졌다

어느 곳을 둘러봐도 하나같이 치열한 경쟁이 벌어지고 있다. 앞서 말했듯이 사회 곳곳에서 제로섬 경쟁이 일어나는 이유는 대한민국이 장기 저성장 체제로 접어들었기 때문이다. 20세기 고도 성장을 구가하던 시절엔 성공의 기회가 널려 있었다. 학벌이 조금 부족해도, 의사나 변호사가 되지 않아도, 금수저가 아니더라도 자신의 노력 여하에 따라 기회를 잡을 수 있었다. 하지만 이제 그런 시대는 끝났다. 변호사나 회계사도 이제는 옛말이다. 그들 역시 취업난에 시달린다. 과거와 같은 특별 대우는 바라지도 못한다. 그렇다고 개업하는 건 치열한 전쟁터에 섶을 지고 불 속으로 뛰어드는 격이다.

죽어라 공부해 우수한 성적을 올려도 성공의 길이 보장되지 않는다.

이겨본 들 거머쥘 장밋빛 미래가 없다. 영국 경제주간지 〈이코노미스트〉는 1980년대 이후 태어난 밀레니얼Millennials 세대야말로 역사상 가장 똑똑한 세대라고 정의했다. 과거 그 어떤 세대보다도 교육을 많이 받았으며, 인터넷과 디지털 시대의 신인류이자, 언어를 자유롭게 구사하는 글로벌 세대라고 한다. 하지만 '역사상 최고 엘리트'인 이들의 사회 진출은 암울 그 자체다. 일자리가 없기 때문이다.

우리나라 역시 지금의 청년들만큼 능력 있는 세대도, 그들만큼 불행한 세대도 없다. 대학생들을 대상으로 전략 강의를 나가면 그들의 초롱초롱함에 감탄한 적이 한두 번이 아니다. 아는 것도 많고, 자기 의견을 당당하게 주장할 줄도 안다. 영어는 기본이고, 자격증도 한두 개 보유하고 있다. 그럼에도 그들의 시작이 이렇게 힘든 이유는 먹을 떡 자체가 없기 때문이다.

먹을 떡이 없으니 피 터지게 싸워 이겨도 소용이 없다. 경쟁해서 이기면 성공을 쟁취할 수 있다는 말에 미친 듯이 노력했지만, 결과는 달라진 게 없다. 이런 실망은 성공의 기회라고 생각되면 불나방처럼 달려드는 광기로 이어진다. 광풍처럼 불었던 비트코인 투기가 바로 그것이다.

이전 세대처럼 부자가 될 길이 거의 막혀버린 지금, 비트코인은 단번에 청년들의 마음을 사로잡았다. 가상화폐인 비트코인이 불과 5년 만에 2만 배 가까이 가격이 상승했기 때문이다. 단돈 만 원을 투자하면 무려

2억 원을 벌 수 있다니, 이는 다시는 찾아오지 않을 기회로 보였다. 지푸라기라고 잡고 싶은 사람 앞에 동아줄이 나타난 격이었다.

하지만 투기는 투기일 뿐이다. 비트코인의 핵심인 블록체인 기술의 중요성과 미래를 부정적으로 보는 게 아니다. 기술의 미래는 그 누구도 단정지을 수 없다. 하지만 5년 동안 2만 배가 오르는 투기 바람은 누가 봐도 터질 수밖에 없는 거품일 뿐이다.

튤립 한 송이가 집 한 채 가격이었던 17세기 튤립 광풍처럼 비트코인 광풍도 언젠가는 스러질 것이다. 그럼에도 광풍 바람을 타는 이들은 역설적으로 희망이 보이지 않기에 도박을 걸고 있는지 모른다. 대한민국이 글로벌 비트코인 광풍을 주도한다는 사실이야말로 헬조선의 현재를 보여주고 있다. 뻔히 거품인 줄 알면서도 폭탄 터지기 전에 수익을 챙기려는 사람이나 나에겐 폭탄 터지는 일이 일어나지 않으리라는 무모한 믿음 속에 투자를 단행하는 사람, 이들의 미래는 어디에도 없다.

저성장이 불러온 승자의 저주

게다가 승자의 저주 역시 경쟁 승리를 성공으로 이어주지 않는다. 승자의 저주란 경매나 입찰 경쟁에서 이기긴 했지만 이겨도 이긴 게 아닌, 오히려 더욱 상황이 나빠지는 경우를 말한다. 무조건 이기고 싶은 마음에 자신이 손해를 볼 수 있음에도 경쟁 심리가 발동해 무리하게 추진하다 낭패를 보는 격이다. 저성장으로 승리만이 유일한 돌파구이자 해결책이기에 어쩔 수 없이 모든 것을 걸 수밖에 없는 현실이 승자의 저주를 부르고 있다.

옥스퍼드대학교의 폴 클렘페러Paul Klemperer 경제학 교수는 수업 시간에 학생들을 대상으로 동전을 가득 채운 유리병 경매를 진행했다. 경매를 통해 낙찰 받은 학생에게 유리병 속에 있는 동전을 모두 주겠다고 약속했다. 경매가 시작되자, 대부분의 학생들은 낮은 가격에 입찰가를 써내지만, 경매에서 이기기 원하는 일부 학생들은 높은 가격을 썼다. 결국 가장 높은 가격을 부른 학생이 낙찰 받긴 했지만, 유리병 속 동전 가치보다 큰 액수를 써내 손해를 보았다고 한다. 매번 다른 수업 시간마다 경매를 진행해봐도 마찬가지 결과를 얻었다. 경제학을 전공하는 학생들도 경쟁 패러다임의 함정에 빠져 승자의 저주를 부른 것이다.

또 다른 사례로 하버드 경영대학원 맥스 베이저만Max Bazerman 교수가 수업 시간에 학생들을 대상으로 실시한 20달러 경매를 살펴보자. 학생들은 1달러부터 경매에 참여할 수 있으며, 최고가를 부른 학생이 20달러를 차지할 수 있다. 그런데 일반 경매 규칙과 다른 점은 차상위 가격을 부른 학생은 그 금액을 벌금으로 내놓아야 한다는 것이다.

이런 규칙에 동의한 학생들은 20달러 경매에 참여했다. 처음엔 모든 학생들이 참여하지만, 가격이 오를수록 한두 명씩 포기하는 학생들이 늘어난다. 그러다 12달러 내외까지 가격이 오르면, 최고가를 부른 학생과 차상위 가격을 부른 학생 간의 피 터지는 경쟁이 벌어진다. 차상위 가격을 부른 학생으로선 여기서 포기하면 벌금을 내야 하기 때문에 손실을 회피하기 위해서라도 더 높은 가격을 불러야만 했다.

 결국 20달러보다 훨씬 높은 가격에 낙찰되고, 승자와 패자 모두 손해 보는 것으로 귀결되었다. 실제 낙찰가가 204달러에 달한 적도 있었다고 한다. 승리만을 추구하다 공멸하는 어리석음이 하버드 경영대학원에서도 드러난 것이다.

 이런 어리석음은 강의장에서만 벌어지는 건 아니다. 오로지 자식의 성적을 위해 유치원 시절부터 각종 사교육에 투자한다. 에듀푸어 소리를 들을 정도로 집까지 팔며 모든 것을 내놓는다. 운 좋게도 아이는 다른 이들을 제치고 당당하게 SKY대학을 나와 대기업에 입사했다. 그러나 이미 부모는 노후를 준비할 여력도, 재산도 남아 있지 않다. 대기업에 들어간 자식도 이미 자신에게 모든 것을 투자한 부모의 지원을 더 이상 기대할 수 없기에 자기 앞가림하기 바쁘다. 앞으로도 밝은 미래일지 여전히 자신할 순 없다. 승진 경쟁에서 밀려나는 날이면 당장 내일을 걱정해야 할 판이다.

 그래도 자식이 어느 정도 성공가도를 달리면 그나마 다행이다. 대부분의 부모들은 승자의 저주도 구경 못한 채 계속 퍼붓고만 있다. 지금 우리는 미래를 위해 올바르게 투자하고 있는 걸까?

경쟁에서 이겨도 결국 패자가 되는 기업들

　2017년 PC 시장에서 HP가 4년 만에 레노버를 제치고 1위 자리를 탈환했다. 2005년 미국 IBM을 인수하며 세계적인 강자로 올라선 이후 중국 시장을 활용해 한동안 1위 자리를 놓지 않았던 레노버가 전통의 강호 HP에게 한방 먹은 셈이다. 하지만 레노버는 2017년 11월 일본 후지쯔 PC 부문 자회사를 인수하는 등 대대적인 반격을 준비하고 있다. 그럼 향후 누가 승리의 미소를 짓게 될까?

　애플은 2017년 4분기 삼성전자를 제치고 스마트폰 시장 1위 자리에 올랐다. 한동안 20%를 넘게 유지하던 삼성전자의 점유율은 18.6%로 떨어지고, 10%대 중반에서 맴돌던 애플이 19.3%로 역전한 것이다. 특허 소송까지 벌이는 등 10년 가까이 치열하게 경쟁해 온 숙명의 라이벌로 역전에 역전을 거듭해온 삼성전자와 애플, 과연 누가 스마트폰 시장의 주도권을 쥐게 될까?

추락과 성장의 갈림길

정답은 바로 애플과 삼성전자 모두 승자, HP와 레노버는 둘 다 패자다. 이는 실적이 말해주고 있다. HP와 레노버 모두 매출 성장세가 둔화되고 이익 수준도 미미한 반면, 애플과 삼성전자는 고속 성장하며 이익을 만끽하고 있기 때문이다.

어떻게 이런 결과가 나오게 되었을까? 시장 점유율 1위는 기업들에게 지상 최대의 명제다. 1등이 누리는 승자 효과를 감안하면 더욱 그러하다. 그래서 기업들은 대부분 1등을 지향한다. 경쟁에서 승리하기 위해 다양한 전략과 전술을 총동원한다.

그런데 PC 시장에서 1등을 다투는 HP와 레노버 둘 다 패자라니? 그렇게 된 데는 바로 그 경쟁 지향적인 자세를 들 수 있다. 과다한 경쟁자들이 시장에 모여 치열하게 각축하다 보면 경쟁자들 간의 차이가 점차 없어진다. 시장마저 정체되면 성장할 길이 막혀 버려 더욱 치열하게 점유율 경쟁을 벌인다. 그 결과 비슷비슷한 상품과 서비스로 가격 경쟁을 벌일 수밖에 없다. 경쟁적 수렴 현상이 벌어지는 것이다. 결국 시장은 완전 경쟁 시장에 가깝게 바뀌며, 그 어떤 경쟁자도 이익을 향유하지 못한다. 그럼에도 PC 시장에서 경쟁자를 이기겠다는 전략만 고집한다면 그 결과는 불 보듯 뻔하다.

반면에 애플과 삼성전자는 치열하게 경쟁하면서도 함께 승자가 되는 길을 택했다. 이는 스마트폰 시장이 PC 시장과 달리 나날이 성장하고 있기에 가능했다. 고속 성장하는 시장은 경쟁으로 얼룩진 각축장이 아니라 경쟁자들 모두 승자가 될 수 있는 풍요로운 장이다. 치열하게 경쟁함으로써 시장 성장을 가속화시킨다는 점에서 오히려 경쟁자가 아니라 상생자相生子라 할 수 있다.

과거 고도 성장기에는 경쟁 전략이 유효했다. 성장하는 시장에서 안정적인 지위를 구축하기 위해 차별화나 비용 우위, 틈새시장 전략 중 하나를 선택해 실행하면 되었다. 경쟁 전략과 그 실행 역량에 따라 시장 지위는 달랐어도, 밀려나지만 않으면 함께 성공의 길을 갈 수 있었다.

하지만 이제 시대가 바뀌었다. 대부분의 산업은 성숙기에 진입했고, 시장 역시 성장이 둔화되어 버렸기 때문이다. 성장이 정체된 시장에 참여한 업체들은 생존하기 위해 제 살 깎아 먹기 경쟁을 할 수밖에 없다. 문제는 경쟁자들 모두가 그렇게 한다는 데 있다. 결국 점점 더 출혈 경쟁으로 이어지고, 모두가 패자가 되는 길로 치닫게 된다.

그렇다면 그 길에서 벗어나기 위해 경쟁자도 협력자로 바라보며 함께 새로운 시장을 창출하는 길을 모색할 줄 알아야 한다. 새로운 시장을 창출하는 일은 결코 홀로 할 수 없기 때문이다. 애플과 삼성전자가 스마트폰 시장을 함께 키워 나갔듯이, 경쟁자와 협력해 새로운 시장을 창출하는 것만이 지금의 저성장 시대를 돌파하는 길이다.

사실 스마트폰 시장도 애플 홀로 개척하고 성장시킨 걸로 알겠지만,

실상은 다르다. 현재와 유사한 스마트폰의 시초는 2002년 캐나다 벤처 기업 RIM이 내놓은 블랙베리다. 이메일 자동 수신 서비스와 각종 정보 관리 기능까지 제공함으로써 선풍적인 인기를 끌며, 스마트폰 시장을 열었다. 그러다 2007년 애플이 아이폰을 내놓으며, 스마트폰 시장의 성장을 주도하기 시작했다. 이후 삼성전자 등이 후발 주자로 들어와 경쟁함으로써 고객의 선택 폭이 넓어지고 여러 협력업체들의 지원도 강화되는 등 선순환이 일어나며 스마트폰 시장은 고속 성장의 길로 들어섰다. 모두가 스마트폰 시장을 창출하고 성장시키는 데 협력한 셈이다.

그렇다고 애플과 삼성전자 모두 마냥 꽃길만 걸을 수 있는 건 아니다. 풍요로운 스마트폰 시장도 언젠가는 성장이 정체될 테니까. 실제로 2016년 전 세계 스마트폰 출하량이 처음으로 증가율이 한자리 수인 3.3%로 떨어지더니, 2017년에는 1.3%밖에 되지 않았다고 하니, 이미 성숙기에 진입했는지 모른다.

흔히 승자와 패자가 극명하게 갈리는 스포츠 세계는 여전히 경쟁 패러다임이 유효할 거라 생각한다. 그런데 그 생각이 틀렸음을 보여주는 사례가 있다. 바로 영국의 프리미어리그다.

프리미어리그는 해외 중계권 수익을 리그에 속한 모든 팀에게 균등 배분한다. 이로 인해 하위권 팀이라도 탄탄한 재정적 기반을 구축해 우수한 감독과 선수들을 영입할 수 있게 되었다. 이는 프리미어리그 경기 전체의 질 향상으로 이어졌다. 그러자 관객이나 시청자들도 프리미어리그에 열광하기 시작했다. 한두 팀이 독식하는 리그보다 모든 팀이 각축하는 리그가 훨씬 더 재미있는 건 당연하다. 실제로 1위 팀도 꼴찌 팀에게 패할 수 있는 곳이 프리미어리그다. 지금도 프리미어리그는 '빅6'라 불리는 상위권 팀들의 치열한 순위 경쟁과 2부 리그로 밀려날 강등 경쟁이 흥미진진하게 펼쳐지고 있다.

그렇다면 프리미어리그에서 경쟁하는 모든 팀들은 승자라 할 수 있다. 그들은 패배해도 성공하는 길을 가고 있다. 함께 경쟁하며 프리미어리그만의 볼거리를 제공함으로써 창출한 수익을 공유하고 있기 때문이다. 2부 리그로 떨어지지만 않는다면 말이다.

한계에 다다른 경쟁 전략

흔히 비즈니스를 전쟁으로 표현한다. 전략이라는 용어도 거기에서 연유했다. 하버드 경영대학원 마이클 포터Michael Porter 교수가 주창한 경쟁 전략은 아직도 경영 일선에서 통용되고 있다. 시장 리더가 구축한 경쟁 우위는 쉽게 무너지지 않으며, 오랫동안 이익을 향유하는 최선의 수단이라 여긴다. 하지만 이 역시 시대가 변한 현실을 모르고 하는 소리다.

컬럼비아대학교의 리타 맥그래스Rita McGrath 교수는《경쟁 우위의 종말》에서 지속 가능한 경쟁 우위를 확보했다고 믿는 많은 기업들이 그 경쟁 우위에 발목 잡혀 몰락하고 있다고 말했다. 그러면서 기회들을 빠르게 포착해 활용하고, 소진되기 전에 새로운 기회들로 민첩하게 이동할 줄 알아야 지속적으로 성공할 수 있다고 주장했다.

결국 지금과 같은 무한경쟁 시대에는 힘들게 구축한 경쟁 우위도 그리 오래가지 못한다. 파이를 나눠 먹겠다는 점유율 경쟁 전략은 한계에 다다랐다.

게다가 오로지 경쟁자를 이기려고만 하면 경쟁적 수렴 현상으로 인해 서로를 닮아갈 수밖에 없다. 그러다 보면 한 방향으로만 모두 나아가게 되고, 다양성을 기반으로 한 창의성과 변혁은 자취를 감추게 된다. 그 나물에 그 밥인 셈이다. 20세기 대량 생산 시대엔 통했을지 몰라도, 4차 산업 혁명 시대이자 지식 산업 사회에선 오히려 성공과 멀어지는 길이 될 뿐이다.

그렇다고 기존 시장에서 벗어나 새로운 시장을 창출하자며 목청 높인다고 해결되는 건 아니다. 만만한 과제가 아닐뿐더러, 홀로 할 수 있는 일은 더더욱 아니다. 기존 시장이 경쟁이 심하다 하더라도 결국 거기에서 길을 찾아야만 한다. 그럼 어떻게 해야 할까?

그 해답은 의외로 단순하다. 자기만의 길을 가면 된다. '누가 그걸 몰라? 그 길을 만들기가 그렇게 쉬워?'라며 냉소적인 시각으로 시간만 보내면 어떤 일도 일어나지 않는다. 지금의 점유율 경쟁을 버리고 기회를 찾아 자기만의 길을 가 보는 거다. 이런 일은 일단 시작해봐야 방향이 설 수 있다.

경쟁자에게서 시선을 거두고, 자신이 창출할 가치에만 초점을 맞추도록 하자. 남보다 더 좋은 가치가 아니라, 남과는 확연히 다른 가치를 제공하면 된다. 그러려면 넘버원을 넘어 온리원을 지향하는 게 현명하다. 경쟁자를 이기기 위한 차별화가 아니라, 자기만의 가치를 창출하는 차별화에 목숨 걸어야 한다. 그래야 시장 상황에 상관없이 지속 성장할 수 있다. 고작 PC 시장 점유율이 7%대에 머물고 있는 애플이 전 세계 PC 판매 영업 이익의 40%가 넘는 것도, 전 세계 스마트폰 시장의 영업 이익 중 60%가 그의 몫인 것도 그 때문이다.

최근 들어 HP의 상황이 개선되고 있다고 한다. 1위 지위를 탈환하는 건 물론이고, 이익률도 높아지고 있다. 성장이 정체된 PC 시장에서 치열하게 경쟁하고 있음에도 상황이 좋아진 건 역설적으로 점유율 경쟁 전략을 버렸기 때문이다. 2017년 HP 글로벌 퍼스널 시스템 사업부의 론 커플린Ron Coughlin 사장은 이렇게 말했다. "세계 1위가 되는 게 목표가 아닙니다. 우리는 수익을 희생하면서 시장 점유율을 높이는 대신, 게임과 컨버터블 랩톱 등 이익을 낼 수 있는 부문에 초점을 맞추고 있습니다."

위대한 기업은 경쟁하지 않는다

애플, 아마존, 구글 등 초일류기업들이 경쟁에서 승리해 그 자리에 올랐다고 생각할지 모르지만, 현실은 그렇지 않다. 경쟁에는 조금도 관심을 두지 않은 채 오로지 새로운 길을 개척해 나갔다. 애플은 초기 성공에 도취되어 업무용 스마트폰에만 머물던 블랙베리와 달리 다양한 애플리케이션을 활용할 수 있는 애플만의 스마트폰 만들기에 집중했다. 아마존도 전자상거래를 구현하는 데 만족하지 않고 오로지 고객 편의성을 제고시키기 위해 모든 역량을 쏟아 부었다. 팝업과 배너 광고 등 수익 창출에 몰두했던 야후 등과 달리 오로지 검색 기능 강화를 통해 '검색'만을 위한 검색 사이트를 구현한 구글도 있다.

이들의 행보는 초기 성공에만 그치지 않는다. 애플은 포트폴리오가 다양하지 않는데도 지금도 매년마다 기존 상품을 진부화시키는 모험을 감행한다. 클릭 한 번으로 주문할 수 있는 원 클릭 시스템을 처음으로 도입했던 아마존도 고객이 편리하게 이용할 수 있도록 끊임없이 자신을 혁신시키며 아마존을 뛰어넘고 있다. 구글은 더욱 극적이다. 핵심 가치인 검색을 훼손하지 않기 위해 키워드 광고라는 새로운 수익 모델을 만들었던 구글은 지메일, 구글 보이스, 구글 맵스, 유튜브, 구글 독스, 구글 드라이브 등 다양한 서비스를 무료로 선보이며 프리코노믹스freeconomics를 주도하고 있다.

20세기 자동차 시대를 열었던 헨리 포드Henry Ford 가 경쟁에서 이기길 원했다면 자동차가 아니라 더 좋은 마차를 만들었을 것이다. 헨리 포드도 이렇게 말한 적이 있다. "고객이 원하는 것만 만족시키려 했다면 자동차 대신 더 빨리 달리는 마차를 만들었을 겁니다." 애플과 아마존, 구글 역시 마찬가지다. 기존의 경쟁자들보다 더 나은 것을 지향하지 않고, 남다른 시각으로 새로운 길을 개척했기에 지금의 자리에 오를 수 있었다.

또한 위대한 기업들은 경쟁보다 협력이 성공의 핵심임을 보여주고 있다. 협력에 대한 믿음은 초일류기업일수록 확고하다. 경영 환경도 자연의 생태계와 유사하다. 생태계의 번성은 기본적으로 협력에 기초하는데, 경영 환경 역시 마찬가지다. 위대한 기업의 성공 비결이 경쟁보다 협력에 있는 건 당연한지도 모른다.

조직생태학의 대가인 마이클 해넌Michael Hannan 은 조직군의 밀도가 낮을 때는 경쟁자 수의 증가가 오히려 서로의 생존에 유리하게 작용하다가, 밀도가 일정 수준을 초과하면서 비로소 서로의 생존에 위협이 된다는 밀도 의존 이론을 주장했다. 이는 경영 현장에도 여실히 적용된다. 위대한 기업들의 행보는 처음 가는 길일 가능성이 높아, 뒤따르는 경쟁자들의 참여가 오히려 시장 성장을 촉발시켜 모두가 상생하는 결과로 이어지기도 한다.

1980년대 IBM은 전혀 생각지도 못한 방법으로 PC 시장의 성장을 주도했다. 바로 경쟁자에게 기술을 개방해 경쟁자들의 사업 진출을 도운 것이다. 경쟁자를 죽이는 게 아니라 오히려 경쟁자를 도와준 셈이다. 이런 IBM의 행보는 많은 경쟁자들이 IBM PC를 개발하도록 유도해 IBM PC가 시장 표준으로 선점되는 결과를 낳았다. 또한 기술 개발과 비용 절감이 뒤따르며 PC가 급속히 보급되기 시작했다. 물론 이는

IBM과 경쟁자들 모두 상생하는 결과로 이어졌다.

이런 경쟁자와의 협력은 현재에도 여전히 유효하다. 아마존은 '셀 온 아마존' 서비스를 통해 어떤 업체라도 수수료만 내면 아마존의 결제, 배송 인프라 등을 활용해 상품을 팔 수 있도록 플랫폼을 개방했다. 전자상거래업체인 아마존 입장에선 경쟁사를 지원한 셈이다. 이를 통해 더 많은 고객들이 찾아오도록 함으로써 모두가 윈윈하는 결과를 이끌었다.

페이스북 역시 강력한 경쟁자였던 마이스페이스에게도 플랫폼을 개방해, 페이스북 계정으로 로그인하거나 글을 게재하고 공유할 길을 열어주었다. 마이스페이스 역시 음악에만 집중함으로써 페이스북과의 공존을 택했다. 페이스북과 마이스페이스 모두에게 이득으로 화답했음은 물론이다.

경쟁자와의 협력 외에 협력업체들의 지원 역시 중요하다. 홀로 모든 일을 할 수 있는 기업은 세계 어디에도 없다. 자기만의 새로운 가치를 창출하는 길은 더욱 그러하다. 최근 비즈니스 생태계를 중시하는 것도 그 때문이다. 다른 업체들의 협조를 어떻게 끌어내느냐가 위대한 기업과 평범한 기업을 가르는 요소로 작용한다.

애플은 협력업체들에게 과감히 양보함으로써 독자적인 '애플 생태계'를 구축했다. 아이폰의 성공을 기술과 디자인의 승리라 보는 견해도 있지만, 이는 수면 아래에 있는 협력업체들의 지원을 간과한 해석이다.

다양한 애플리케이션을 활용할 수 없다면, 스마트폰은 별 소용이 없다. 그런데 그 많은 애플리케이션을 애플 혼자서 개발, 운영할 수는 없다. 모든 게임 소프트웨어를 스스로 만들었던 닌텐도가 실패한 것도 그 때문이다.

이에 애플은 애플리케이션 제작자들에게 수익의 70%를 배분하는 과감한 양보 정책을 시행했다. 이렇게 애플이 과감하게 수익을 양보하자, 애플리케이션 제작자들은 개발에 적극적으로 나섰다. 그 결과 다양한 애플리케이션들이 아이폰 앱스토어에 올라가게 되었고, 사용자들의 열광 속에 애플과 애플리케이션 제작자 모두 만족할 수 있었다.

위대한 기업들은 경쟁하지 않는다.
단지, 아무도 가지 않은 새로운 길을 만들어갈 뿐이다.

비경쟁 사회가 잘 나가는 이유

네가 특별하다고 생각하지 말라.

네가 남들처럼 좋은 사람이라고 생각하지 말라.

네가 남들보다 더 똑똑하다고 생각하지 말라.

네가 남들보다 더 낫다고 생각하지 말라.

네가 남들보다 더 많이 안다고 생각하지 말라.

네가 남들보다 더 중요하다고 생각하지 말라.

네가 뭐든지 잘할 거라고 생각하지 말라.

남들을 비웃지 말라.

남들이 너를 신경 쓴다고 생각하지 말라.

어떤 것이든 다른 사람을 가르치려 들지 말라.

북유럽 국가들의 성공 비결

남들보다 더 똑똑하거나, 더 잘하거나, 특별하다고 생각하지 말라니, 마치 속세를 떠난 고승의 설법처럼 다가온다. 네가 죽어야 내가 사는 속세의 진흙탕에선 남보다 더 똑똑하고, 더 잘하고, 특별해야 살아남을 수 있다고 여기는 우리로선 받아들이기 힘든 조언이다. 아무리 그 길이 영혼의 평안으로 이끈다 해도 냉정한 현실을 외면할 순 없다.

그런데 이 열 가지 조언은 수행자에게 필요한 것도, 현실을 회피하려는 것도 아니다. 바로 북유럽 사람들의 일상 생활 저변에 스며들어 있는 얀테의 법칙Law of Jante 이기 때문이다.

얀테는 가상의 덴마크 마을로, 그 마을 사람들이 지켜야 할 규칙이 바로 얀테의 법칙이다. 이 법칙은 덴마크에서 시작해 북유럽 국가 전반에 퍼져 문화 저변에 흐르는 행동 양식으로 정착되었다. 그러다 1933년 악셀 산데모제Aksel Sandemose 가 자신의 소설 《도망자, 자신의 자취를 가로지르다》에서 이를 언급하면서 세계에 널리 알려졌다.

스웨덴과 덴마크, 노르웨이, 핀란드 등 북유럽 국가들은 보통 사람을 지향한다. 모두가 저마다의 방식으로 특별하다고 여기는 북유럽 문화는 자신만 특별해지려는 투쟁을 평생 하는 우리와는 정반대다. 경쟁 관점에선 남보다 뛰어나야 성공할 수 있는 게 당연하다. 결국 북유럽 십계명이라고도 하는 얀테의 법칙이야말로 북유럽 사람들이 얼마나 경쟁을 지양하는지 보여주는 지표라 할 수 있다.

특히 북유럽 국가들의 교육 시스템은 숙제 하나까지 철저히 등수를 매겨 성적에 반영하는 우리 시스템과 사뭇 다르다. 핀란드 학생들은 만 18세가 될 때까지 등수를 매기는 시험을 치르거나 등수로 평가하지 않는다고 한다. 한마디로 성적표가 없는 학교를 다닌다. 숙제도 거의 없으며, 조기 교육도, 학교 간 서열도 없다. 수업 일수도 다른 나라보다 적다. 사교육 시장은 통계 수치로 표현하기도 어려울 정도로 미미하다. 이쯤 되면 아이들의 천국이 따로 없다.

시스템이 이러하니 핀란드 학생들의 수준이 다른 나라의 학생들보다 못할 거라 생각하겠지만, 그건 오산이다. 시험 지옥도, 경쟁도 없는데도 글로벌 국가 학력 평가에서 당당히 1, 2위를 다툰다고 한다. 학업 성취가 높은 학생과 낮은 학생 사이의 격차도 가장 적으며, 학생들 중 무려 70%가 공부가 재미있고 즐겁다고 한다. 이런 얘기를 들으면 '정말 그럴까'라는 생각이 먼저 드는 게 부끄럽게 느껴질 정도다. 핀란드 역시 자원이 부족해 우리처럼 사람들의 능력이 국가의 미래를 결정하는 요소인데도 경쟁을 지양한다니, 놀랍고 또 놀라울 따름이다. 이는 비단 핀란드만의 특성은 아니다. 스웨덴, 노르웨이, 덴마크 등 북유럽 국가들 모두에게 해당된다.

북유럽 국가들을 관통하는 이런 비경쟁 교육 기조는 인재 양성이라는 과실로 이어졌다. 노키아가 몰락하자 사람들은 이제 핀란드는 끝났다고 말했다. 핀란드 전체 상장사 시가총액의 60%, 총 GDP의 20%까지 차지하던 노키아이었기에, 그 충격 여파는 실로 엄청났다. 그런데 몇 년 지나지 않아 핀란드는 되살아나고 있다. 독창적인 인재들이 창업에 나서 다양한 스타트업 기업들이 성공가도를 달리고 있기 때문이다. 클래시 오브 클랜 게임 개발사인 슈퍼셀이 대표적이다.

이런 창의적인 인재들의 성공 뒤에 비경쟁 교육이 있음은 물론이다. 유럽 최고의 경영대학원 인시아드 조사에 따르면 글로벌 혁신 지수에서 북유럽 국가들이 하나같이 최상위를 차지하고 있다고 한다. 입시 지옥의 고통 속에서만 학력이 높아지고 치열한 경쟁을 통해서만 인재가 양성될 거라는 믿음이 깨지는 순간이다.

북유럽 국가들은 경쟁을 지양하고 모두가 함께 가야 하는 운명임을 강조하는 공동체 정신이 강하다. 이를 핀란드에서는 딸꼬뜨talkoot 정신이라 부른다. 우리말로 꿀벌이라는 뜻으로, 도움이 필요한 이웃에게 자발적으로 도움을 제공하는 상호 부조를 말한다.

협동을 중시하고 나보다 우리를 우선시하는 태도는 공동체 결속을 강화시켜 주고, 구성원 모두가 신뢰하는 사회를 만들었다. 그 결과 어려움이 닥치면 공동체가 하나되어 해결책을 찾아가고, 갈등이 생기더라도 끝까지 논의해 합의에 이르려 노력했으며, 어떤 결정이라도 모두가 수용하고 실행에 옮기는 문화를 구축할 수 있었다. 그 유명한 자본과 노동 간의 살트셰바덴 협약Saltsjöbaden Agreement 역시 경쟁보다 협력을 지향했기에 가능한 결과물이었다.

이런 문화는 강력한 복지 정책으로 이어졌다. 강력한 사회민주주의 체제의 정부, 평균 40%가 넘는 조세 부담률에도 기꺼이 세금을 내는 사람들, 실업자와 육아 휴직자, 은퇴자 등 약자들을 위하는 가운데 모두에게 복지 혜택을 나눠주는 보편적 복지 시스템 등이 가능했던 것도 그 때문이다.

모두가 행복해야 나도 행복하며, 공동체가 자신을 저버리지 않을 거라는 믿음은 북유럽 국가들을 국가 경쟁력과 국민들의 행복 지수 모두 최상위권을 차지하게 만든 자양분이 되었다.

딸꼬뜨 정신과 강력한 복지 정책은 자연스레 경쟁으로 인한 실패를 용인하는 문화로도 이어졌다. 실패하더라도 주위 사람들과 국가가 나서서 도와준다면, 적극적으로 도전하려 하지 않을까? 패자 부활전이라는 말조차 생소하게 느끼는 북유럽 사람들은 실패를 성공으로 가는 하나의 과정으로 여긴다. 이렇듯 실패를 용납하는 사회만이 변혁을 주도할 창의적인 인재들을 가질 자격이 있다.

하지만 대한민국은 정반대의 길을 가고 있다. 끊임없이 남과 경쟁해야 하는 사회에서는 단 한 번의 실패가 끝이기에 확실한 길만 가려 한다. 모두가 의사와 변호사만 되려는 사회, 공무원이 최고의 직장인 사회, 건물주가 일생의 목표인 사회, 그런 사회가 혁신과 성장을 일굴 수 있을까?

우리도 과거엔 그렇지 않았다. 오히려 북유럽 국가들처럼 함께하려는 공동체 문화가 강했다. 실제로 핀란드의 딸꼬뜨는 우리의 두레나 품

앗이와 유사하다. 역사를 돌이켜 보면 우리는 언제나 힘을 모아 위기를 극복했고, 함께하며 앞으로 전진했다.

70년대 세계가 비웃던 철강회사를 일군 것도 공동체 정신 덕분이었다. 만약 상대 평가와 승진에 목매인 내부 경쟁만이 지배했다면 성공할 수 없었을 일이다. 나라를 보위하자는 '제철보국'의 기치 아래 실패하면 모두 바다로 빠져 죽자는 '우향우 정신'으로 똘똘 뭉쳤기에 가능한 일이었다. 전 세계가 경탄하는 한강의 기적을 이룬 것도 마찬가지다. 전쟁으로 모든 게 무너진 폐허 위에서 다시 일어서게 된 것 역시 경쟁보다 함께 협력함으로써 만든 결과이지 않는가?

그랬던 대한민국이 IMF 위기를 겪으며 각박하고 살벌한 곳으로 변했다. 경쟁 지향적인 신자유주의를 그대로 받아들인 잘못된 선택은 경쟁만이 살길이라는 분위기 속에 그 어느 나라보다 강력한 경쟁 구도의 헬조선을 만들어버렸다.

이대로 경쟁 지향적인 문화가 지속된다면, 우리의 미래는 점점 더 암울해질 수밖에 없다. 함께하는 길이 남들을 짓밟고 홀로 성공하려는 길보다 낫다. 사회적으로도 시너지 효과를 감안하면 더욱 그러하다는 것을 북유럽 국가들이 보여주고 있다. 차등화보다 균등화를 강조하는 북유럽 국가들이 여전히 높은 경제 성장률을 유지하는 것만 보더라도 경쟁만이 성장을 견인한다는 논리는 부적절하다.

동구권의 몰락에서 경쟁 없는 사회의 민낯을 보다?

한편 경쟁을 옹호하는 사람들은 경쟁 없는 사회가 얼마나 무력한지 보여주고자 동구권의 몰락을 곧잘 언급하곤 한다. 전혀 틀린 지적이라고 할 수는 없지만 단순히 무경쟁 사회였기 때문이라는 시각은 쉽게 수긍하기 힘들다.

앞서 사회적 성공을 이끄는 요소 중의 하나로 목표 의식을 언급했다. 목표 의식만큼 동기 부여 효과가 뛰어난 요소도 없다. 목표 의식이 분명한 사람은 겨울을 나며 한층 단단해지는 대나무처럼 어떤 어려움도 극복해 나간다. 간절한 꿈은 불가능도 현실로 만드는 마력이 있다.

그런데 공산주의는 사람들로부터 심장을 뛰게 할 목표 의식을 앗아 갔다. 절대 평등에 집착한 나머지 국가가 정해준 것 외에는 그 어느 것도 허용하지 않았다. 그저 하라는 일만 하면 배급 나오는 세상이 된 것이다. 이런 상황에서 누가 열심히 노력하고 싶을까? 열정을 잃은 인간이 되기를 부추기는 사회에는 희망이 없다. 공산주의 사회가 그러했다.

결국 동구권은 경쟁이 없어서가 아니라 목표 의식이 없어서 몰락한 셈이다. 열심히 노력하면 성공의 기회를 거머쥘 수 있다는 것만큼 강렬한 목표는 없다. 건전한 사회는 사람들에게 기회의 창을 항상 열어준다. 경쟁 승리만을 기회의 창으로 여긴다면, 그 기회는 점점 좁아질 수밖에 없다. 그보다는 모두가 기회의 창에 접근할 수 있도록 다양하게 만들어주는 게 진정한 사회이지 않을까? 비경쟁 사회를 지향하는 북유럽 국가들이 경쟁 사회보다 더 나은 이유도 거기에 있다. 경쟁 사회보다 오히려 사회 구성원들에게 목표 의식과 열정을 심어주기 때문이다.

물론 그러기 위해선 공동체 차원에서 개인의 이기심을 적절히 제어할 필요가 있다. 다다익선이라고 사람은 누구나 더 많이 가지길 원한다. 이를 제어하지 않으면 소수가 독식하는 현상을 막을 수 없다. 이는 공동체의 붕괴로 이어질 것이다. 그러므로 어느 정도 국가가 정책적으로 개입해 이기심을 적절히 제어할 수 있어야 한다. 북유럽 국가들이 강력한 사회민주주의 체제를 유지하는 것도 그 때문이다. 그렇다고 모든 이기심을 억누르겠다는 공산주의처럼 빈대 무서워 초가삼간 태우는 우를 범해선 안 된다.

아메리칸 드림 역시 그런 맥락에서 이해할 수 있다. 미국을 세계 최강대국으로 만든 요인 중 하나가 바로 아메리칸 드림이었다. 드넓은 기회의 땅을 찾아 떠나는 이들에겐 아메리칸 드림은 꿈으로 다가왔다. 기회가 있다고 확신하는 순간, 꿈을 이루기 위해 무모한 도전도 불사하는 게 사람이다. 하지만 경쟁이 심해지고 승자 독식이 굳혀지고 있는 지금은 아메리칸 드림도 어느덧 옛말이 되어버렸다.

무한경쟁 앞에 낙수 효과는 없다

그럼에도 경쟁 지상주의자들이 경쟁 사회의 우월성을 주장하는 논리의 마지막 보루가 하나 남아 있다. 낙수 효과 trickle-down effect 가 바로 그

것이다. 흘러내린 물이 바닥을 적신다는 뜻의 낙수 효과는 대기업이나 부유층의 소득 증대가 경기 부양으로 이어져 결국 중소기업과 저소득층의 소득이 증대되고 경제가 발전한다는 이론이다.

1960년대 이후 대한민국의 성공 뒤에 낙수 효과가 있었던 건 사실이다. 경제개발 5개년 계획 아래 대규모 개발 정책이 국가적으로 시행된 결과 대기업들이 대거 등장하게 되었고, 이는 자연스레 다양한 중소기업들이 성장하는 결과로 이어졌다. 불균형 발전 정책에 따라 수도권 및 대도시를 중심으로 증대된 소득이 지방 및 농촌의 소득 증대로 이어져 전 국민의 소득이 증가하는 결과도 낳았다.

80년대 낙후된 중국 개발을 주도했던 덩샤오핑鄧小平의 선부론先富論 역시 낙수 효과에 기댄 정책이라 할 수 있다. 덩샤오핑은 '능력 있는 자를 먼저 부유하게 하라'는 선부론에 입각해 지역적으로 동남연해를 우선 개발한 후, 그 효과를 확대해 모두가 잘사는 중국을 건설하려 했다. 결과는 그야말로 대성공이었다. 수백 년간 잠자던 호랑이가 깨어나 미국과 어깨를 겨루는 경제대국으로 우뚝 서게 되었다.

그렇다면 낙수 효과는 지금도 통하지 않을까? 그럴 거라 기대하는 사람에겐 실망스러운 대답이겠지만, 이젠 더 이상 낙수 효과가 사라져버렸다. 글로벌 자본주의의 첨병인 국제통화기금 IMF도 이를 인정하고 있다. 2015년 5월 IMF는 세계 150여 개국을 분석한 결과, 상위 20%의 소득이 1% 늘면 이후 5년간의 경제 성장률은 0.08% 하락하고, 하위 20%의 소득이 1% 늘면 경제 성장률은 0.38% 증가한다는 결론을 내렸다. OECD의 조사에서도 소득 불평등 심화로 1990년에서 2010년 동안 OECD 19개 회원국의 경제 성장률이 4.7% 낮아졌다고 한다. 이제 현실은 낙수 효과를 외면하고 있다.

이전엔 괜찮던 낙수 효과가 빛을 잃은 이유는 과잉 공급과 수요 부족으로 대변되는 장기 저성장 시대가 도래했기 때문이다. 낙수 효과가 발휘되려면 승자의 성장이 패자들의 기회로 작용해야 한다. 경제 성장의 초기 단계엔 일부 대기업과 사람들이 승자의 자리에 올라 기회의 창을 열어주면, 중소기업이나 남은 사람들이 그 창에 접근할 수 있었다. 계속 성장세를 구가하고 있기에 보다 큰 기회를 잡으려는 승자들이 패자들의 작은 밥그릇까지 뺏을 이유도 없었다. 하지만 지금은 사정이 다르다. 성장이 정체되다 보니, 독식하는 것 외엔 다른 방법이 없다.

사람의 이기심도 문제다. 이기심을 통제하지 못한다면 낙수 효과는 신기루일 뿐이다. 헤게모니를 쥔 대기업들과 부자들은 온통 자신의 부를 증식하는 데만 관심이 있다. 우리나 중국이 낙수 효과를 본 이유 중의 하나는 강력한 국가의 힘으로 개인의 탐욕을 통제하며 공공의 이익을 추구하도록 유도했기에 가능했다. 그런데 지금은 가능할까? 삼성그룹을 제어할 이는 대한민국 어디에도 없다. '다르게 생각하라Think different'를 외치며 인류의 진보를 이끌겠다는 애플이 아시아의 저가 노동력 착취에 나서고 조세 회피처를 활용해 탈세하는 것도 이기심의 발로로밖에 보이지 않는다.

결국 저성장 시대의 도래로 승자 독식 사회가 펼쳐지고 있음에도 낙수 효과로 인해 '모두가 이기는 결과'라는 주장은 언젠가는 속임수로 밝혀질 수밖에 없다. 노벨 경제학상 수상자 조셉 스티글리츠Joseph Stiglitz도 이렇게 말했다. "부가 부자들로부터 가난한 사람들에게 흘러내린다는 '낙수 효과'는 대부분의 나라에서 볼 수 없었습니다."

4장

경쟁하지 않는
성공의 길

문제는 목적지에 얼마나 빨리 가느냐가 아니라
그 목적지가 어디냐는 데 있다.
_메이벨 뉴컴버

경쟁하지 않는
길이 열리고 있다

　베트남 전쟁이 한창이던 어느 날, 처음으로 실전에 배치된 마이크 루스Mike Ruth 대위는 항공모함 키티호크 호에서 첫 출격을 감행했다. 폭격을 성공적으로 수행한 후 작전 중 편대와 헤어져 홀로 비행하던 그는 모함으로 복귀하려 기수를 돌렸다. 저 멀리 항공모함을 발견하고는, 곧바로 모함에 안전하게 착륙시켰다. 첫 번째 실전을 무사히 수행했다는 안도감에 휩싸인 그에게 항모 갑판원들이 우뢰와 같은 함성과 박수를 보내는 것이 아닌가? 첫 출격의 성공을 축하해준다는 생각에 한껏 들떴던 그는 이내 뭔가 이상하다는 걸 느꼈다. 출격 당시 자신을 배웅한 이들이 아니었고, 갑판 위 분위기도 생소하기 때문이었다.

　그제서야 루스 대위는 자신이 키티호크 호가 아닌 코랄씨 호에 착륙했다는 사실을 알게 되었다. 코랄씨 호의 갑판원들은 루스 대위의 비행기에 온갖 낙서를 하기 시작했다. 조종사의 착각으로 모함을 잘못 찾아온 비행기를 놀림감으로 만드는 전통이 미 해군에 있었기 때문이다. 물론 루스 대위는 창피함을 안고 낙서투성이의 비행기를 몰아 키티호크 호로 돌아갔다고 한다.

인재상이 바뀌고 있다

나폴레옹이 부하들을 이끌고 힘겹게 알프스에 올랐다. 정상에 선 나폴레옹은 힘차게 칼을 뽑아 들고는 부하들에게 이렇게 말했다고 한다. "이 산이 아닌가벼~"

목표 지점을 착각한 루스 대위나 다른 산에 오른 나폴레옹처럼 잘못된 목표를 부여잡고 열심히 노력하는 이들이 있다. 땀은 절대로 배신하지 않는다고 믿으며, 열심히만 하면 하늘도 감동하리라는 생각으로 노력한다. 하지만 방향이 잘못되었다면 백날 노력해봐야 소용 없다. 아니, 오히려 크나큰 좌절만 맛볼 뿐이다.

그런데 루스 대위처럼 엉뚱한 목표를 향해 열심히 달려가는 이들이 있다. 바로 경쟁하는 길에 목숨을 거는 사람들이다. 이제라도 경쟁하지 않는 길로 시선을 돌려야 하건만, 여전히 과거의 습성에 젖어 구태를 반복하고 있다.

이는 21세기 기업들에게도 똑같이 적용된다. 지금은 과잉 경쟁이 지배하는 글로벌 저성장 시대다. 앞서 말했듯이 인류가 맞이한 풍요로움은 수요의 부족으로 이어지고, 이는 다시 시장 성장을 저해하는 장애물로 다가왔다. 이는 기존의 시장 점유율만으로는 성장할 길이 막혀버렸음을, 경쟁자 몫을 빼앗아야만 성장할 수 있음을 의미한다. 그 결과 한정된 파이를 두고 벌이는 무한경쟁은 결국 모두를 패자로 만드는 결과를 초래할 수밖에 없다.

그럼에도 오로지 경쟁 승리만을 목표로 전력투구하는 기업들에게 밝은 내일은 기대하기 힘들다. 세상이 바뀌었는데도 여전히 과거의 경쟁 패러다임만 붙들고 있다면, 그 결과는 참혹하다. 루스 대위는 창피한 수준에서 그쳤지만, 기업들은 자신의 목숨을 내놓아야 할지도 모른다.

변화의 바람은 경영 전략에도 일고 있다. 과거 20세기를 지배했던 마이클 포터의 경쟁전략은 이제 그 의미를 잃어가고 있다. 경쟁 없는 신시장을 개척하라는《블루오션 전략》에서 넘버원을 넘어 온리원을 지향하자는《디퍼런트》, 경쟁하지 말고 독점하라는《제로 투 원》에 이르기까지 경쟁을 넘어 새로운 방향을 제시하는 책들이 베스트셀러에 오른 것 역시 그 때문이다.

이런 변화는 기업들이 요구하는 인재상에도 감지된다. 과거엔 대량생산 체제의 경쟁력 강화에 도움이 되는 규격화된 인재를 요구했다. 하지만 지금은 다르다. 예전엔 어느 기업에나 통할 정형화된 인재상이 있었다면, 지금은 천차만별이다. 일례로 네이버엔 정해진 인재상이 없다고 한다. 틀에 짜인 인재는 인재가 아니라는 말이다. 그럼에도 공통점은 하나 있다. 바로 창의성을 강조한다는 점이다. 특히 조직에 해가 된다고 여길 만한 괴짜들을 톡톡 튀는 인재라 칭송하고 있다. 그들만이 남다른 발상으로 꽉 막혀있는 성장의 길을 뚫을 수 있기 때문이다. 그들만이 모두가 패자가 되는 제로섬 경쟁에서 벗어나 새로운 성장을 도모할 수 있기 때문이다.

영국의 경제 주간지 〈이코노미스트〉도 괴짜를 찬양하며 다음과 같이 보도했다. '과거 균형 잡힌 인재가 꿰차고 있던 고위직 자리를 파괴적 창업자, 괴짜, 창조가들이 물려받고 있다. 소프트웨어 회사들은 사회성이 부족한 괴짜들을 싹쓸이하고, 헤지펀드는 숫자밖에 모르는 별종들을 끌어모으며, 할리우드는 변덕스럽고 괴팍한 창조가들을 앞다투어 모셔간다.'

국내외 인사들이 모여 논의한 〈2017 글로벌 인재포럼〉에서 정의한 인재상 역시 창의성과 글로벌 협업 역량이 함께 갖춰진 융복합성 인재라고 한다. 특히 4차 산업 혁명 시대를 이끌 주된 동력은 '협력형 괴짜'라며 입을 모았다.

이런 변화는 대기업 같은 거대 조직뿐만 아니라 소규모 사업을 하거나 프리랜서로 뛰는 이들에게도 영향을 미치고 있다. 이제 창업가에게 요구되는 기업가 정신도 바뀌고 있다. 기업가 정신이라 하면 새로운 기회를 잡기 위해 위험을 감수하고 과감히 도전하는 정신을 의미했지만, 지금은 남다른 길을 갈 수 있는 혁신과 창의성에 방점이 찍힌다.

2017년 종합 베스트셀러 1위를 차지하며 100만 부 넘게 팔린《언어의 온도》와 종합 베스트셀러 3위에 오른《자존감 수업》, 두 책에는 공통점이 있다. 바로 1인 출판사가 출간했다는 점이다. 강력한 마케팅 역량과 브랜드 파워를 바탕으로 서점가를 휩쓰는 대형 출판사들 사이에서 기획, 홍보, 영업망, 저자 섭외력 등 어느 하나 강점이라고 내세울 게 없는 1인 출판사들이 이렇듯 당당하게 성공할 수 있었던 이유는 뭘까?

바로 자기만의 개성 있는 기획 도서였기에 어디서 본 듯한, 어디에나 있을 법한 게 아닌 독특한 콘텐츠로 사람들의 마음을 움직일 수 있었다. 1인 출판사〈클〉이 출간한 컬러링북《비밀의 정원》과〈소와다리〉가 출판한 윤동주 시인의《하늘과 바람과 별과 시》복각본이 성공한 것도 그 때문이다. 만약 이들이 대형 출판사들과 경쟁하겠다는 심산으로 마케팅과 영업망, 홍보 등을 보완하는 데 치중했다면 지금의 성공은 없었을 것이다.

변변한 경쟁력 하나 없는 1인 출판사들의 성공담은 경쟁을 넘어 사람들의 마음을 움직일 수 있는 자기만의 길을 간다면 성장이 정체된 시장에서도 얼마든지 성공할 수 있음을 보여주고 있다.

이제 세상은 아웃사이더를 반긴다

이런 인재상의 변화는 아웃사이더의 성공과도 맞닿아 있다. 아웃사이더라는 말을 들으면 먼저 무엇이 떠오를까? 비주류, 낙오자, 소외자, 외톨이. 왠지 거부감이 드는 단어들만 생각난다. 사실 인사이더들이 지배하는 세상에서 이들이 설 자리는 어디에도 없다. 군림하려는 상사와 억압적인 조직의 굴레, 하루하루 쳇바퀴처럼 도는 일상을 견디기 어려워하는 아웃사이더들에게 이 세상은 지옥일 뿐이리라.

실제로 남과 다른 아웃사이더들은 세상에 홀로 버려졌다. 세상을 원망하고 패배주의에 사로잡혀 피폐한 삶을 살았다. 그런데 세상이 변한 걸까? 그랬던 그들이 지금은 당당하게 성공가도를 달리고 있다. 이제 세상은 아웃사이더를 반기고 있다.

아웃사이더들이 바꾼 세상을 보라. 냄새 나는 히피로 불리며 조롱 당했던 스티브 잡스Steve Jobs가 만든 스마트한 세상을, 난독증으로 학교를 중퇴하고 연이은 기행으로 괴짜 CEO로 불리는 리처드 브랜슨Richard Branson이 만든 즐거운 세상을, 편모슬하에서 자라 뭐든 남들과 다르게 생각하다 세계 가전업계를 뒤집어버린 제임스 다이슨James Dyson이 만든 편리한 세상을, 하루 종일 공상에 파묻히다 회사에서 쫓겨나기까지 했던 조앤 롤링Joanne Rowling이 만든 판타지한 세상을.

세상을 바꾼 스티브 잡스를 칭하는 말은 많다. 메시아나 구루, 광기 어린 천재에서 독재자, 사이코패스, 악마에 이르기까지 극단을 오간다. 이렇게 된 데는 그의 아웃사이더 기질도 한몫 했다. 사생아로 태어나 차량 정비공 집안에 입양된 스티브 잡스는 언제나 아웃사이더였다. 리드대학교에 진학했지만 이마저도 1년 만에 중퇴하는 등 학교생활에는 흥미를 느끼지 못했다. 그 과정에서 선불교와 마약, 히피에 심취하는 등 전형적인 아웃사이더의 모습을 보여주었다. 그랬기에 스티브 잡스는 애플을 남다른 회사로 만들었다. 실패의 쓴잔을 맛보더라도 남들이 하지 않는 바보짓을 계속 시도했다. '다르게 생각하라'는 슬로건이야말로 이를 잘 표현해준다. '스스로 세상을 바꿀 수 있다고 생각할 만큼 미친 사람만이 실제로 세상을 바꾼다'는 신념 하에 기존 질서를 뒤엎는 전복 정신을 강조했다. 그 결과가 바로 아이팟과 아이폰이다.

작은 레코드 가게로 시작해 항공, 모바일, 레저 등 다양한 분야에서 글로벌 사업을 펼치고 있는 버진그룹의 창업자 리처드 브랜슨 역시 비즈니스계의 괴짜, 히피 자본가로 통한다. 난독증으로 적응하기 어려웠던 학교를 뛰쳐나온 그는 언제나 기발함과 엉뚱함을 무기로 새로운 시장을 공략했다. 1986년 버진 애틀랜틱 항공을 홍보하기 위해 보트를 타고 대서양을 횡단했다. 길거리에서 엉덩이 춤을 추기도, 기내 결혼식을 열어 결혼 서약을 공증하기도 했다. 이런 무모하고도 황당한 행보 뒤에는 언제나 '삶의 목적은 인생을 최대한 즐기는 것'이라는 그의 신념이 자리하고 있다. 즐거움을 전하는 버진을 싫어할 고객은 아마 없을 것이다. 물론 자신이 하고 싶은 데로 과감하게 실천에 옮기는 그만의 아웃사이더의 기질이 성공에 보탬이 됐음은 분명하다.

영국에서 '5억 파운드(한화로 약 7천억 원)의 사나이'로 통하는 제임스 다이슨은 자신의 이름을 딴 업체를 창업하며 먼지 봉투 없는 청소기, 날개 없는 선풍기 등을 개발한 사람으로 유명하다. 사람들은 그를 기술 전문가로 오해하지만, 엄연히 디자이너다. 9살 때 아버지를 여의고 반

항적인 성장기를 보낸 그는 남다른 사고방식과 틀을 깨는 자유로운 상상력을 기반으로 기존의 기술 전문가들과는 전혀 다른 시각으로 제품들을 바라보았다. 디자이너로서 오로지 사용 편이성에만 집중해 제품을 해부하고 재조합했다. 그 결과가 바로 일반 상식을 깨는 특이한 콘셉트와 디자인의 제품, 어디에서도 볼 수 없던 다이슨 제품들이다. 재미있는 사실은 처음엔 그는 제품 개발만 하고 제품 판권을 가전업체에 넘기려 했으나, 가전업체들이 시큰둥한 반응을 보여 어쩔 수 없이 직접 설립해 지금에 이르렀다고 한다. 어디서나 기존 조직에선 독특함은 쉽게 수용되지 않는다.

일반 대학을 졸업하고 비서로 취직한 조앤 롤링은 언제나 상사에게 핀잔을 들어야 했다. 아무 때나 공상하는 습관 때문에 실수 연발이었기 때문이다. 직장에서 쫓겨난 그녀는 다른 직장을 들어가기도 했지만, 결과는 마찬가지였다. 게다가 결혼 실패로 젖먹이 아이의 생계까지 책임져야 하는 이혼녀 신세가 되자 정부 보조금을 받으며 하루하루 생계를 이어갈 수밖에 없었다. 우리로 치면 기초생활 수급자가 된 것이다. 바닥까지 내려간 그녀는 우울증까지 겹치며 한때 자살을 생각하기도 했지만, 이내 마음을 고쳐먹고 어릴 적부터 자신이 가장 하고 싶었던 일, 머릿속 상상을 글로 옮기는 일에 몰두했다. 그 결과가 바로《해리포터》시리즈이다. 세상에서 가장 즐거운 일이 몽상이라는 조앤 롤링, 회사에선 일 못한다고 쫓겨난 그녀였지만, 기발한 상상력의 독특한 줄거리에 12곳의 출판사로부터 차디찬 거절과 심한 혹평을 들어야 했지만, 끝내 자기만의 길을 가 성공을 거뒀다. 첫 권이 나올 때만 해도 "아이 신발을 사주지 못해 미안했는데, 이젠 맞는 신발을 살 수 있어 너무 행복해요."라고 말했던 그녀가, 정부 보조금으로 연명하던 기초생활 수급자였던 그녀가 20세기 가장 많이 팔린 소설의 저자이자 억만장자가 된 것이다.

이렇듯 자유로운 영혼의 아웃사이더들이 성공하는 이면에는 남보다 좋은 생각이 아니라 남과 다른 생각, 유니크한 발상이 자리하고 있다. 독특한 시각으로 새 판을 짜는 과감한 도전은 아웃사이더만의 특권이다. 다른 사람들의 눈치를 볼 필요도, 따라야 할 규칙도 없다. 그냥 자기가 가고 싶은 길을 가면 된다. 기존의 틀에서 벗어나 자기만의 길을 가기에, 하고 싶은 말과 행동을 거리낌 없이 한다. 이처럼 경쟁 패러다임의 순응을 거부하고 누구도 가지 않는 미개척지를 향해 나아가는 자만이 세상을 바꿀 수 있다. 오늘 통하는 방식이 내일은 쓸모없는 시대에 나날이 새로운 방식을 찾으려면 또라이들이 필요하다.

물론 아웃사이더로서의 삶은 그리 녹록지 않다. 그럼에도 틀을 깨는 아웃사이더의 시각이 필요하다고 주장하는 이유는 역설적으로 남보다 잘하려는 것만으로는 성공할 수 없기 때문이다. 틀을 깨는 아웃사이더만의 독특한 시각은 성장의 활로를 뚫어준다. 이미 성장이 정체된 곳에선 잘해봐야 먹을 떡이 별로 없지만, 누구도 가지 않는 미개척지로의 행보는 하기에 따라 얼마든지 과실을 얻을 수 있다.

다양성이 만드는 기회

독일 아우토반을 달리던 티코가 고장이 났다. 티코 주인은 지나가던 포르쉐에게 도움을 요청했다. 포르쉐 주인은 다음 톨게이트까지 데려다 주겠다고 말하며, 너무 빨리 달린다고 생각하면 경적을 울리라고 덧붙였다. 한참 동안 천천히 가던 포르쉐는 갑자기 빠른 속도로 자신을 추월해가는 페라리를 발견하자, 뒤에 티코를 달고 있다는 사실도 잊은 채 레이싱을 하기 시작했다. 영화에서나 보던 추격전이 아우토반에서 벌어졌다.

그 일이 있은 후 3개월 뒤 독일에서 티코 판매량이 갑자기 상승했다. 없어서 못 팔 정도로 티코 열풍이 분 것이다. 이에 그 원인을 조사하던 중 한 독일인으로부터 놀라운 얘기를 들었다. 아우토반에서 페라리와 포르쉐가 시속 200km가 넘는 속도로 레이스를 벌이고 있었는데, 포르쉐 뒤에 있던 티코가 빨리 가라며 경적을 미친 듯이 울렸다는 것이다.

윗글은 인터넷에 떠도는 유머 한 자락이다. 새파랗게 질린 티코 운전자의 모습이 그려지며, 입가에서 웃음이 떠나지 않는다. 실제로 속도 경쟁을 벌인다면 티코가 페라리와 포르쉐를 이길 순 없으리라.

그런데 티코가 이길 묘수가 하나 있다. 모두 가는 길에서 벗어나 아무도 가지 않는 길을 가면 된다. 10차선 대로도 차들이 바글바글 몰리면 페라리나 포르쉐라도 속도를 낼 수 없다. 우사인 볼트도 갯벌에선 거북이가 되는 법이다. 하지만 좁디좁은 1차선 도로라도 경쟁 없이 자기만 이용한다면 티코도 쌩쌩 달릴 수 있다.

결국 성공은 티코를 아반떼나 소나타로 업그레이드하려는 노력에 있는 게 아니라, 어느 길을 선택하느냐에 달려 있다. 차들로 북적이는 큰 길만 고집할 이유는 없다.

과거엔 제대로 된 길이 없었다. 울퉁불퉁 산길만이 사람들의 발걸음을 허락했다. 그렇게 힘들게 다니던 사람들에게 신작로라는 평탄대로가 열리기 시작했다. 곧게 뻗은 큰 길을 따라 가면 꼬불꼬불 산길보다 훨씬 더 빨리 목적지에 다다를 수 있기에 모두들 신작로를 통해 앞으로 나아갔다. 큰 길이라 친구들과 함께 가도 상관 없었다. 때론 뒤쳐져 천천히 걸어도 앞서가는 친구와 약간의 차이만 벌어질 뿐 크게 문제가 되지 않았다.

그러다 상황이 바뀌기 시작했다. 더 이상 확장할 수 없는 길에 사람들이 꾸역꾸역 몰려들었기 때문이다. 이제 평탄대로는 사람들로 바글바글하다. 아무리 큰 길이라도 사람들이 바글바글하면 제대로 가기 힘들다. 게다가 목적지에 다가갈수록 평탄대로가 좁아져 병목 현상까지 일어나고 있다. 병목 구간만 지나면 좁더라도 홀로 갈 수 있어 쭉쭉 나갈 수 있을 텐데, 사람들에 치여 도저히 거기까지 갈 수가 없다. 어떻게든 앞으로 나아가려 죽을 힘을 다하지만, 여전히 제자리다. 미치고 팔짝 뛸 노릇이다.

그런데 이 꽉 막힌 대로에서 벗어나 샛길로 가는 사람이 보인다. 저기에 길이 없을 것 같은데, 무작정 나아간다. '그래봤자 길이 없을 텐데 그렇게까지 무모하게 가야 하나'라는 생각이 들면서도, 어쩌면 길이 있을지 모른다는 희망도 싹튼다.

그런 경험은 누구에게나 있을 것이다. 나 역시 마찬가지다. 결혼하고

난 뒤 주말마다 아내와 근교로 드라이브를 나가곤 했다. 쌩쌩 달리다 보면 일상의 피곤함마저 날아가는 기분이었다.

그런데 어떤 날은 하나뿐인 길에 차들이 몰리며 정체를 거듭하다 돌아와 불쾌감만 가중되기도 했다. 그럴 때마다 스멀스멀 올라오는 생각이 하나 있다. '그냥 샛길로 빠질 걸 그랬나.'

샛길은 언제나 고민을 안겨줬다. 내비게이션도 없던 시절이라 괜히 잘못 가면 큰 낭패를 볼 수도 있기 때문이었다. 아내 역시 단호하게 반대했다. "거기로 갔다가 잘못되면 어떡해? 그냥 조금만 기다리자." 모두가 알아주는 길치인 나로선 아내의 주장에 반기를 들 처지가 못 된다. '그래, 좀만 지나면 정체가 풀리겠지.'

그렇게 가다 서다 반복하며 집으로 돌아오니 몸과 마음 모두 피곤하다. 그때 샛길로 빠졌다면 쌩쌩 달릴 수 있지 않았을까? 하지만 우리 내외의 마음속에 그 길은 이미 막다른 길이자, 실패로 가는 길이다. 아니, 실패해야만 하는 길이다.

가보지 못한 샛길은 언제나 상상 속에선 실패의 영역에 머물러 있다. 아니, 실패해야만 한다. 그래야 합리화를 할 수 있으니까. 하지만 현실은 다를 수 있다. 현재에 안주하려는 관성을 이기고 도전할 용기만 있었다면, 정체에서 벗어나 쌩쌩 달릴 수 있었을지 모른다. 어차피 그대로 있으면 정체와의 기나긴 싸움을 할 수밖에 없으니, 못할 것도 아니었는데 말이다.

홀로 샛길을 개척해 나아간다면 어느 누구의 방해도 없이 앞으로 나아갈 수 있다. 물론 그 길이 낭떠러지로 이어질 수도 있지만, 다양성이 확대되고 있는 지금 그 길은 점점 더 넓혀질 가능성이 높다.

과거 대량 생산 체제에선 획일화된 표준만이 대세로 자리잡았다. 다양성은 오히려 생산성을 감소시키는 장애물이었다. 하지만 이제는 정반대가 되었다. 획일화된 표준은 뒷전으로 밀려나고 독특함에 기반한 다양성이 전면에 나서고 있다. 커피를 먹더라도 다르게 먹고 싶고, 옷을 입더라도 나만의 패션을 강조하려 한다. 개성을 강조하는 문화 역시 '다름'을 존중한다. 회식에 모두 참석해야 단합된 조직이라는 생각은 꼰대들의 전유물일 뿐이다.

이렇듯 다양성을 추구하는 문화는 인터넷 및 디지털 시대의 도래와 맞물려 꽉 막힌 도로에 숨통을 트여주는 샛길을 쌩쌩 달릴 수 있으리라는 희망을 심어준다. 톡톡 튀는 인재들이, 틀을 깨는 아웃사이더들이 성공하는 것도 그 때문이다. 남다른 자기만의 길을 가는 1인 창업이 유망한 것도 그 때문이다.

최근 크게 성장하고 있는 수제 맥주 시장을 보라. 획일화된 맥주 맛에 식상한 사람들이 어디에서도 맛볼 수 없는 수제 맥주만의 독특함에 매료되고 있다. 이런 흐름은 맥주 마니아들이 직접 수제 맥주를 개발, 판매하는 샛길로 이어지고 있다. 세계적인 미래학자 다니엘 핑크Daniel Pink 도 '미래는 고용자를 위해 일하기보다는 스스로를 위해 일하는 사람, 프리에이전트free agent 가 대세'라고 주장했다.

이제 세상은 경쟁하지 않는 길에 성공의 문을 열어주고 있다. 그럼 경쟁하지 않는 길을 가려면 무엇부터 해야 할까? 경쟁하지 않는 길을 간다고 모두 성공하는 게 아니라면 어떻게 해야 성공 가능성을 높일 수 있을까? 그 해답은 다음의 3가지에 달려 있다.

삼박자가 맞아야 성공할 수 있다

자기 계발 전문가 로버트 크리겔Robert Kriegel 과 루이스 패틀러Louis Patler 는 1,500명을 대상으로 20년 넘게 열정이 성공에 미치는 영향을 추적 조사했다. 구체적으로 대상자를 직업 선택 기준에 따라 크게 두 그룹으로 나눴다. 즉, 83%의 사람들은 나중에 원하는 것을 이루기 위해 당장 돈을 버는 직업을 선택하겠다는 A 그룹을, 나머지 17%의 사람들은 돈보다는 당장 하고 싶은 것을 할 수 있는 직업을 선택하겠다는 B 그룹을 택했다.

20년 뒤 이들을 추적해 보니, 1,500명 가운데 101명이 백만장자가 되었다. 그런데 충격적인 사실은 그 101명 중 100명이 B 그룹에서 나왔고, 단 한 명만이 A 그룹에서 나왔다고 한다. 꿈만 먹고 살 수는 없다고 말하지만, 현실은 꿈과 열정이 장기적으론 성공으로 가는 길임을 말해주고 있다.

인생을 걸고 열정을 불사를 일을 찾자

꿈과 열정이 사회적 성공의 열쇠가 되는 이유는 뭘까? 앞서 사회적 성공에 중요한 요소로 목표 의식과 자세, 인간관계를 거론한 바 있다. 그런 측면에서 바라보면 일면 수긍이 간다. 그 누구도 꿈이 간절한 사람만큼 목표 의식이 뚜렷할 수 없고, 열정적인 사람만큼 끈기 있는 자세를 가질 수 없으며, 꿈과 열정이 가득한 사람만큼 주위의 응원을 받을 순 없기 때문이다.

꿈과 열정이 가득한 사람은 누가 뭐라 해도 자기만의 길을 가려 한다. 경쟁하지 않는 길은 간단하다. 남처럼 되려 하거나 남보다 잘하려 하지 말고 자기만의 길을 가면 된다. 남다른 길이란 따로 없다. 그게 전부다.

그러려면 먼저 자신이 하고 싶은 일, 자기가 좋아하는 일, 인생을 걸고 성취하고 싶은 일을 찾아야 한다. 그래야만 성공할 확률이 높다. 회계를 좋아하는 사람은 숫자에 파묻혀 몇 시간이고 일해도 시간 가는 줄 모른다. 연기를 좋아하는 사람은 며칠씩 연기에 몰입해도 에너지가 넘친다. 진심으로 하고 싶은 일에는 대하는 태도가 다르다. 마지못해 쳇바퀴 돌 듯 건성으로 하는 노력과는 차이가 날 수밖에 없다. 시작은 미약할지라도 끝내 성공한다.

미국 컬럼비아대학교에서 강연하던 워런 버핏도 성공 비결을 묻는 한 학생의 질문에 이렇게 답했다. "돈을 많이 벌어줄 것 같은 일을 하지 말고, 자신이 좋아하는 일을 해야 합니다. 나는 운 좋게도 좋아하는 일을 일찍 발견할 수 있었죠."

이런 그의 신념은 다른 강연에서도 고스란히 드러난다.

"저는 이런 사람들을 보면 참 걱정스럽습니다. '딱 10년만 버티자! 진짜 하고 싶은 일은 아니지만, 하다 보면 이력이 나겠지' 그건 늙었을 때를 대비해 섹스를 절제하는 것과 같습니다."

"당신이 좋아하는 일을 선택하세요. 그러면 성공은 자연히 따라옵니다. 아니, 당신은 결코 성공을 비켜갈 수 없을 겁니다."

TV 프로그램 〈영재발굴단〉에 나온 11살의 스케이트보드 영재에게 잘 타는 비법을 물었다. 그러자 그 아이는 '재미있게 타는 거'라고 자신 있게 말했다. 재미있으니까, 좋아하니까 힘들지 않다는 아이의 말을 들으며, 하루하루 힘들게 살아가는 우리들이 떠오르는 건 왜일까?

성공한 이들은 대부분 자신의 일을 사랑한다. 열정적으로 미친 듯이 일하는데 성공하지 않는 게 오히려 이상하다. 결국 자신의 성향과 열정, 강점이 어우러져 성공을 만든다. 건축을 시로 승화시킨 누드 건축의 대가 안도 타다오安藤忠雄도 이렇게 말했다. "왜 건축가를 택했느냐고 묻는다면 건축을 마음속 깊이 좋아했기 때문이라고 대답할 겁니다."

"아는 사람은 좋아하는 사람만 못하고, 좋아하는 사람은 즐기는 사람만 못하다."라는 공자의 말처럼 진정으로 즐기며 일한다면 성공은 따논 당상이리라. 하지만 지금 하고 있는 일을 열정적으로 즐길 수 있는 사람이 얼마나 될까? 어쩌다 여기에 이르게 된 사람들이 대부분이다. 해야 할 일은 많고, 하고 싶은 건 없다. 주말을 학수고대하는 것도 하기 싫은 일을 억지로 하느라 힘들었기 때문이다. 삶이란 하루하루의 연속인데 그 하루하루가 역겨움으로 채워져 있다면 그거야말로 지옥 아닐까? 인생을 걸고 쟁취하고 싶은 꿈을 가진 이가 부러운 것도 그 때문이다.

그런데 문제는 그 일이 보이지 않는다는 데 있다. 하려고 해도 하고 싶은 게 있어야 도전하든 모험을 하든 할 게 아닌가? 시도하지 않으면 성공할 수 없음을 알기에 더더욱 마음만 바쁘다. 어디서부터 실마리를 풀어야 할까?

그 실마리는 가벼운 시작에 있다. 거두절미하고 일단 뭐라도 시작하자. 아무리 좋은 기획도 실행되지 않으면 무용지물이다. 산에 오르기보다 산까지 가기가 더 힘든 법이다. 높은 산 오를 생각부터 하지 말고, 먼저 산까지 가기라도 하자. 그렇게 한 발 내디디면 뭔가 실마리를 찾을 수 있다.

엉뚱한 산이라도 일단 올라보면 진짜 원하는 산이 보일지 모른다. 아무 산도 오르지 않고 어느 산을 오를지 고민만 한다고 해결되지 않는다. 해보지 않고는 알 수 없다. 다양한 경험만이 당신에게 길을 보여줄 수 있다. 열정을 쏟는 일을 찾는 게 손바닥 뒤집듯 쉬울 리 없다.

그럼 어디에서 산책해야 할까? 그 힌트는 당신에게 있다. 스스로에게 질문해 보자. 어린 시절 좋아했던 과목이나 좋아했던 일, 즐거웠던 경험, 시간 가는 줄 모르고 몰입했던 일을 떠올려 보자. 그런 일들을 중심으로 한번 시도해보자. 때론 답답한 일상에서 벗어나 색다른 경험을 맛보기도 하자. 아무리 사소한 일이라도 한번도 가보지 않은 길은 두려울 수밖에 없다. 그렇더라도 자신의 삶을 위해 조금씩 시도해보자. 이렇듯 견문을 차츰 넓히다 보면 열정을 쏟을 일을 찾을 확률도 점점 커진다.

지친 하루 일과를 끝내고 홀로 마시는 맥주 한 잔, 그 맛이 잊히지 않는다. 이렇게 행복을 전해주는 맥주라면 즐기는 것을 넘어 좀 더 알고 싶은 생각이 든다. 그렇게 한 걸음 한 걸음 내딛다 보면 어느새 자신의 운명을 만날 수 있지 않을까? 이렇듯 좋아함은 새로운 경험을 선사하고, 그 경험은 새로운 길을 열어줄 수 있다.

그러다 진정 하고 싶은 일이라 느껴지면, 과감히 도전해보는 게 좋다. 커다란 참나무도 처음에는 조그마한 도토리로 시작했다. 심장을 뛰게 하는 자신만의 도토리를 발견했다면, 일단 소중히 키워나가는 게 먼저다. 물론 그 방식은 사람마다 다르다. 스무 살에 과감하게 집을 나와 허영만 화실을 몇 번이고 두드렸던 윤태호처럼 확신에 찬 시작일 수도 있고, 오십이 될 때까지 취미 삼아 일요일에만 붓을 들었던 나이브 아트Naive Art의 대가 앙리 루소Henri Rousseau처럼 가벼운 시작일 수도 있다. 어느 날 기차를 타고 가다 고장 나는 바람에 차내에서 기다리는 몇 시간 동안 해리포터 이야기를 떠올린 조앤 롤링처럼 갑작스러운 만남일 수도 있다. 어느 것이 정답이라고 꼬집을 수 없다. 사람마다 자기만의 길이 있으며, 모든 길에는 그만의 새로움이 서려 있기 때문이다.

　일단 앞으로 나아가자. 인간은 누구나 방황할 권리가 있다. 한 발 두 발 가다 보면 자기만의 길인지 아닌지 스스로 알게 된다. 주변의 속삭임에 흔들리지 말고 오직 내면의 자기 소리에만 귀 기울이자. 현실을 무시할 수 없다는 생각이 들더라도 자기만의 길이 오히려 성공하는 길임을 믿으면서 앞으로 나아가자.

　때론 찾았다고 여겼던 이 길이 아니라는 생각이 들 때도 있을 것이다. 그럴 땐 가볍게 훌훌 털고 다시 시작하는 게 좋다. 시도해보지도 않는 포기보다 스스로 택한 실패가 후회를 남기지 않는 법이다. 남보다 늦춰진다는 생각에 조급함이 당신을 괴롭힐지 모른다. 하지만 무조건 빨리 간다고 성공하는 건 아니다. 성패는 속도가 아니라 방향에서 결정된다. 한참 헤맸는데도 나타나지 않아도 마찬가지다. 천천히 가야 보이는 것도 있다. 시간을 낭비하고 있다며 아깝게 여기지 말자. 당신의 인생이 걸린 문제인데, 이보다 더 중요한 투자처는 어디에도 없다.

색다른 독특함이 필요하다

　그런데 자신이 좋아하는 일을 한다고 모두가 성공하는 건 아니다. 실제로 자신이 좋아하는 일을 좇아 창업하는 것만이 자기만의 길이라고 오해하는 이들이 있다. 그러면서 남들과 비슷한 길, 남들과 경쟁하는 길을 간다면 섶을 지고 불로 뛰어드는 것과 마찬가지다. 식당, 커피숍 등 자영업이 다산다사多産多死의 끔찍한 곳이 된 것도 그 때문이다. 남들과 똑같이, 아니 남들보다 좀 더 잘해보려 노력하다 망한다.

결국 문제는 그 방향을 제대로 잡지 못한 데 있다. 자기만의 길은 단순히 자신이 좋아하는 일을 하는 것만으로는 부족하다. 남들과 다른 자기만의 독특함을 가미해야 비로소 자기만의 길이라 부를 수 있다. 커피숍을 하더라도 남들처럼 하지 말자. 어디에도 없는 커피숍을 차리겠다는 생각으로 독특함을 추구해보자. 남들의 길을 따라가면 사방이 적이지만, 누구도 생각하지 못한 길을 가면 경쟁자가 없다. 망치를 든 철학자 프리드리히 니체Friedrich Nietzsche가 말했듯이, 자기만의 길을 가는 이는 어느 누구와도 만나지 않는다. 알버트 아인슈타인Albert Einstein도 "자기만의 길을 가는 사람이야말로 누구도 가보지 못한 곳을 갈 수 있다."라고 했다.

그러기에 창업하지 않고도 자기만의 길은 가능하다. 월급쟁이로도 얼마든지 남다른 독특함으로 성공가도를 달릴 수 있기 때문이다. 영화 〈악마는 프라다를 입는다〉의 실존 인물이며 1988년부터 무려 30년 동안 미국 〈보그〉 편집장을 역임한 안나 윈투어Anna Wintour를 한 번쯤은 들어봤을 것이다. 그녀는 현재 '세상에서 가장 영향력 있는 여성', '패션과 문화 아이콘', '안나 윈투어라는 이름 자체가 브랜드'로 통한다. 이처럼 화려한 명성으로 인해 창업자로 알고 있지만, 실은 미국 출판사 콩데 나스트 이사로 재직하는 월급쟁이다. 그럼에도 패션 잡지 업계에 종사하는 이들의 롤모델이 될 수 있었던 데는 남과는 전혀 다른 자기만의 길을 톡톡 튀며 걸었기 때문이다.

〈하퍼스 바자〉의 패션 편집자로 일하다 해고된 적도 있는 윈투어는 패션의 새로운 흐름을 창조하는 데 천재적인 기질을 발휘했다. 최근 패션업계의 트렌드인 셀러브리티Celebrity(유명인사) 문화도 그녀가 만든 것이다. 스스로를 패션업계의 대표라고 생각하며 끊임없이 새로운 길을 개척했기에 지금의 윈투어가 있는지 모른다. 물론 그런 그녀를 전폭적으로 지지한 콩데 나스트의 지원이 없었다면 지금의 윈투어는 없었을 것이다.

2002년 노벨 화학상 수상자 발표는 세계를 놀라게 했다. 노벨 과학상 최초로 학사 출신이, 그것도 화학을 전공하지 않은 전기공학과 졸업자가 수상했기 때문이다. 저명한 대학 교수도, 그렇다고 업적이 화려한 연구원도 아니었다. 그가 바로 중소기업인 시마즈제작소에 근무하던 40대 중반의 평범한 샐러리맨 다나카 고이치田中耕一였다. 그는 노벨상 기자회견장에도 푸른 작업복을 입고 나타났다고 한다.

고이치는 평범 그 자체의 인물이다. 명문대도 아닌 지방의 도호쿠대학교를 1년 낙제하는 통에 5년간 다닌 그는 졸업 후 소니에 입사 지원했지만 낙방했다. 할 수 없이 시마즈제작소에 입사하게 되었고, 자기 전공 분야도 아닌 생소한 생화학 연구를 하게 되었다.

이런 상황이라면 그저 월급 받는 재미로만 살아갈 법도 한데, 그러지 않았다. 연구에 자신의 모든 것을 쏟아 부었다. 연구하는 것 자체가 그에게는 즐거움이자 행복이기 때문이었다. 실제로 고이치는 연구를 계속 하고 싶어 한때 승진을 거부하기도 했다.

그런데 평범한 샐러리맨이 노벨상 수상자가 된 요인은 연구에의 몰입만이 아니었다. 수상 소감에서도 고이치는 이렇게 말했다. "저는 보통 사람들과 조금 다른 생각을 하는 것 같고, 이따금 괴짜라는 말을 듣기도 합니다. 제 전공이 화학이 아니라서 상식적으로 무리라는 일도 서슴없이 연구할 수 있었습니다. 많은 실패를 맛봤지만 제가 화학을 몰라서 일어나는 일이라 여기며 끝까지 다가갔습니다."

결국 고이치만의 남다른 독특함이 노벨상으로 이어진 셈이다. 고이치가 연구에 집중할 수 있도록 지원해 준 시마즈제작소의 환경도 한몫했다. 시마즈제작소는 한 해 연구개발비로 80억 엔을 쓰는데, 그중 30억 엔은 사업과 관계없는 기초과학 연구에 사용한다고 한다. 이런 분위기이었기에 고이치는 세기의 연구를 진행할 수 있었다. 콩데 나스트나 시마즈제작소의 기업 문화가 사뭇 부럽기만 하다.

최근 각광받는 TV 드라마나 예능 프로그램들의 성공에도 어디에서도 볼 수 없는 독특함이 서려 있다. 다른 프로그램보다 좀 더 잘해보려는 시도는 대부분 망하는 반면, 저런 게 성공할 수 있을까 우려의 시선을 받는 프로그램들이 오히려 대성공을 거두고 있는 것이다. 평균 이하

못난이들이 무모하고도 무리한 도전을 벌였던 〈무한도전〉이나 드라마에 예능을 접목한 드라마 같지 않은 드라마 〈응답하라 시리즈〉처럼 말이다.

그럼 어떻게 해야 자신만의 독특함을 갖출 수 있을까? 하고 싶은 일을 찾아 그 길에 들어서긴 했지만, 독특한 색깔을 어떻게 가미해야 할지 방향조차 가늠하지 못할 수 있다. 그렇다고 당신만의 색깔을 누가 알려줄 수도 없다. 하지만 그 길을 가는 과정에 대해선 작은 힌트를 드릴 수 있다.

다치바나 다카시立花隆의 《청춘표류》에는 11명의 청춘들이 나온다. 수공예 전문가에서 수제 나이프 제작자, 소믈리에, 자전거 프레임 제작자, 야생동물 전문 사진 작가, 염직 전문가에 이르기까지 남들이 가지 않는 자기만의 길을 성공적으로 가고 있는 사람들의 얘기다. 중졸에 고등학교 중퇴, 사고뭉치 등 자기만의 길을 가기 전에는 세상의 잣대로 보면 열등생이었던 이들이 남다른 독특함으로 자기만의 길을 가는 과정은 모두 비슷했다. 아니, 전혀 다른 인생, 전혀 다른 직업인데도 하나같이 똑같은 과정을 밟아갔다.

사회가 정해놓은 궤도에서 벗어난 그들은 자신의 인생을 걸 만한 대상을 찾아 방황하다가 열정을 바칠 대상이 발견되면 무작정 첫걸음을 내디뎠다. 하지만 자신이 진정 하고 싶은 일이라고 처음부터 잘할 수 있는 건 아니었다.

하고 싶은 일이라도 기본을 다지지 않고는 앞으로 한 발짝도 나아갈 수 없다. 의사가 되려면 의대 공부부터 마쳐야 하고 셰프가 되고 싶다면 주방 설거지부터 시작해야 하듯이, 자기만의 독특한 길을 걸어가고 싶다면 먼저 기본기부터 닦아야 한다. 기본기는 연마하지 않고 독특함부터 찾는다면, 기초 공사를 제대로 하지 않은 집처럼 와르르 무너지기 쉽다.

웨이터나 하며 유흥장을 떠돌아다니다 소믈리에가 되기로 작정한 다사키 신야田崎真也는 열아홉의 나이에 무작정 프랑스로 건너가 와인 산지인 부르고뉴와 보르도 지방을 돌며 와인을 배워나갔다. 그것도 도보로 걸으며 모든 와인 저장고를 하나하나 탐방했다. 야생동물 사진 작가인 미야자키 마나부宮崎学도 일요일만 되면 산으로 나가 동물과 새를 쫓아다녔다. 동물 생태를 완벽하게 이해하지 않고는 야생동물을 찾아 사진을 찍을 수가 없기 때문이었다. 절벽 위에 텐트를 치고 사진을 찍기 위해 등산 기술도 배워야 했다. '후루카와 나이프'라는 이름 자체가 브랜드로 자리잡을 정도로 성공한 수제 나이프 제작자 후루카와 시로古川四郎도 처음엔 무려 6년 동안 칼만 갈았다고 한다.

이렇게 기본부터 착실히 다진 후, 그 위에 자기만의 독특한 성을 쌓아갔다. 시작할 때는 모든 게 쉬워 보인다. 하지만 아는 것이 많아질수록 모르는 것도 많아지는 법이다. 기본을 완벽하게 갖춰야 비로소 자신만의 독특함을 구축해갈 수 있다. '정석은 완벽하게 익힌 후에 잊어버려라'는 바둑 격언은 어디에서나 통한다.

다사키 신야는 어느 정도 와인을 알고 난 후 와인 전문학교에 입학해 소믈리에 과정을 이수했다. 체계적인 학습을 통해 축적되지 않으면 깊이가 없다는 것을 알았기 때문이다. 그런 지난한 과정을 거쳤기에 자신의 이름을 딴 다사키 신야 와인 박물관이 있을 정도로 일본에서 손꼽히는 소믈리에가 될 수 있었다. 공장에서 일하며 틈틈이 수제 나이프 만드는 법을 배우던 후루카와 시로도 미국으로 건너가 나이프 제작자들 사이에서 '신'이라 불리는 러브리스를 만나 직접 가르침을 받았다. 그런 후에야 비로소 어디에도 없는 후루카와 시로만의 수제 나이프가 탄생했다.

결국 11명 모두 기본을 철저히 다진 이후에야 비로소 자신만의 독특함을 찾았다. 물론 그냥 열심히 노력만 한 건 아니었다. 남과 다른 자기만의 길을 찾기 위해 자기만의 독특함을 고민하는 과정이 없다면 노력은 그저 무의미한 낭비일 뿐이다. 어느 누구도 가보지 못한 길, 어느 누구와도 만나지 않는 자기만의 길을 가기 위해 자신만의 색깔을 찾아나가자. 이런저런 시도들이 꾹꾹 축적되며 푹푹 익다 보면 어느새 자신만의 독특함이 만들어진다. 미국의 커뮤니케이션 전문가 시드니 매드위드Sidney Madwed도 이렇게 말했다. "성공을 원한다면 당신만의 독특한 요소를 찾아내라. 그리고 그것에 집중해 성공의 꽃을 피울 때까지 인내하라."

울퉁불퉁 골목길을 탄탄대로로 만드는 법

열정을 불사를 일, 색다른 독특함을 갖췄다면 성공의 기본은 갖춘 셈이다. 그런데 뻥 뚫린 길이라도 계속 울퉁불퉁 골목길이라면 피곤할 수밖에 없다. 기왕이면 울퉁불퉁 골목길보다는 탄탄대로로 가면 금상첨화다. 처음에 좁디좁은 골목길로 시작했더라도 점점 더 넓혀나가 탄탄대로를 만들 줄 알아야 한다. 그럼 어떻게 해야 울퉁불퉁 골목길을 탄탄대로로 만들 수 있을까?

골목길과 탄탄대로의 차이점은 사람들의 관심 정도에 달려 있다. 많은 사람들이 인정하고 박수를 칠 때 골목길은 성공이 찾아오기 때문이다. 결국 아무리 자신만의 독특함을 갖췄다 하더라도 알아주지 않으면 의미가 없다. 물론 사람들이 관심을 가질 독특함이라면 언젠가는 그 힘을 발휘하겠지만, 그때까지 오랜 세월 묵묵히 견뎌야 하는 아픔이 있다. 아니, 피기도 전에 사그라질지도 모른다.

전 세계 캐릭터 중 1위에 오른 헬로키티의 성공은 10여 년 넘게 버틴 인내심의 결과다. 캐릭터 사업이야말로 전에 없는 독특함을 창조하는 비즈니스다. 헬로키티는 그 어느 것과도 유사하지 않은 유일무이한 캐릭터이다. 그런데 독특하다고 캐릭터로 성공하는 건 아니다. 사람들이 알아주어야 그 의미가 있기 때문이다. 미키마우스, 건담, 둘리 등 유명 캐릭터들은 모두 영화나 만화로 널리 알려진 것이었기에 성공할 수 있었다.

그런데 헬로키티는 그럴 만한 배경이 전혀 없었다. 캐릭터만의 환상과 동경을 불러올 그 어떤 것도 없었다. 실제로 1974년에 개발된 헬로키티의 첫 상품은 어린이들을 대상으로 한 작은 투명 비닐 동전 지갑이었다고 한다.

그랬던 헬로키티가 세계인들이 사랑하는 캐릭터가 된 데는 일관된 콘셉트로 꾸준히 독특함을 밀고 나간 게 주효했다. 때론 손해를 보더라도 '파는 곳이 곧 캐릭터 체험을 연출하는 무대'가 되도록 직영점 중심의 헬로키티 전문 매장을 꾸려나갔다. 1년, 2년, 5년, 10년이 지나도 자신만의 독특함을 끈기있게 말하는 헬로키티에게 사람들도 설득 당했다. 헬로키티를 만든 산리오의 쓰지 신타로辻信太郎 회장도 헬로키티의 성공 비결을 묻는 질문에 다음 3가지를 꼽았다고 한다. 첫째도 인내심, 둘째도 인내심, 셋째도 인내심이라고.

헬로키티처럼 버티면 언젠간 성공하겠지만, 운이 좋아야 가능한 얘기다. 독특함이 입소문으로 퍼져 인정받으려면 시간이 오래 걸릴 수밖에 없어, 대개는 그때까지 버틸 힘이 없어 무너질 가능성이 높기 때문이다. 그렇다면 자신의 독특함을 최대한 빨리 알릴 수 있는 매개체가 필요하다. 그런 점에서 최근의 변화는 경쟁하지 않는 길에 순풍을 불어주고 있다.

지난 10여 년 전부터 등장한 블로그와 각종 SNS에 힘입어 사람의 입에만 의존하는 전통의 방식보다 훨씬 빨리, 훨씬 더 강력하게 입소문을 퍼트릴 수 있게 되었다. 특히 최근 유튜브의 확산으로 평범한 사람들도 자신의 독특함을 알릴 수 있는 기회를 얻고 있다. 유튜브 크리에이터들이 대거 전면에 나서는 것도 거기에 연유한다.

게다가 사람들의 관심이 높은 분야면 더욱 좋다. 요리에 대한 높은 관심이 요리사들을 셰프라고 우대하며 방송에 나오게 하고, 애견인의 증가가 반려견 훈련사를 명사로 만들며, 웹툰 사랑은 거들떠보지도 않던 만화가를 웹툰 작가라며 부르며 그의 말을 경청하게 한다. 기왕이면 사람들의 관심이 높은 분야에서 자신만의 성을 구축하는 게 바람직하다.

그런데 다양한 입소문 매체들이 활성화되었다고 해서 무조건 알려지는 건 아니다. 화젯거리를 유발해 소문을 타는 버즈 효과Buzz effect를 창출할 콘텐츠가 아니면 풍요 속의 소음에 불과하다. 결국 멍석은 깔려 있는데, 거기에 올릴 밥상이 문제인 셈이다.

그런 점에서 자칫 과도하게 느껴지는 실행에 관심을 기울일 필요가 있다. 과도한 실행처럼 사람들의 주목을 끄는 것도 없기 때문이다.

과도한 실행하면 버진그룹의 리처드 브랜슨이 먼저 떠오른다. 브랜슨만큼 기발하고도 황당한 이벤트를 벌인 경영자는 어디에도 없을 것이다. 그는 스스로 뉴스메이커를 자처하며 이목을 끌었다. 보트를 타고 대서양을 횡단하거나 열기구를 타는 정도는 약과였다. 뉴욕 타임스퀘어에서 탱크를 직접 몰고 코카콜라 간판을 향해 포탄을 쏘고, 코카콜라로 쌓은 벽을 무참히 무너뜨리기도 했다. 길거리에서 엉덩이 춤을 추기도 하고, 광고판에 누드로 등장하는 것도 마다하지 않았다. 물론 브랜슨의 과도한 실행은 버진그룹이 내세우는 즐거움과 재미라는 콘셉트와도 맞아 떨어졌다. 회장이 직접 이런 일을 벌이는 회사라면 고객들에게 얼마나 재미와 즐거움을 줄 지 상상이 되고도 남는다.

'내일을 위한 신발'을 슬로건으로 탐스슈즈를 설립한 블레이크 마이코스키 Blake Mycoskie 도 기부 활동에서 과도한 실행을 단행했다. 일반적으로 매출의 1% 내외를 기부하는 기업들과 달리 신발 한 켤레를 팔 때마다 한 켤레를 기부하는 1+1 방식을 채택했다. 업계 종사자들은 그런 비즈니스 모델로는 지속하기 힘들다고 확언할 정도로 상식을 벗어난 기부 방식이었다. 하지만 이런 파격적인 기부 방식으로 인해 유명 매체에 기사화되거나 유명 연예인들이 대거 참여함으로써 대중들에게 널리 알려지게 되었다고 한다. 그 방식이 의도된 게 아니라 해도 과도한 실행이 성공으로 이어진 점은 분명하다.

지금은 당연하게 여기지만, 처음 제품을 선보이던 발표회 때 스티브 잡스가 청바지 주머니에서 아이팟을 꺼내고 서류 봉투에서 맥북에어를 꺼내 보인 것 역시 마찬가지다. 누구도 상상하지 못했던 극적인 효과는 우리를 단번에 사로잡기에 충분하다. 물론 과도한 실행은 현실보다 과장된 모습으로 비춰지거나 거짓으로 보일 우려도 있긴 하지만, 잘만 활용하면 사람들의 관심을 사로잡을 수 있다. 어떻게 하느냐에 따라 독이 되기도, 약이 되기도 한다.

  과도한 실행을 긍정적으로 활용하려면 철저히 자기만의 길을 가는 과정 속에서의 한 부분이어야 한다. 그래야만 과도한 실행이 좋은 의도로 받아들여질 가능성이 높다. 리처드 브랜슨의 기발한 이벤트도 오로지 즐거움과 재미를 추구하는 브랜슨만의 길에 녹아 들었기에 사람들로부터 박수를 받았다. 만약 사람들을 불편하게 만드는 돌출 행위를 했다면 이목을 끌 순 있어도 선순환으로 이어지지 못했을 것이다.

  이제 세상은 경쟁하지 않는 사람이 더 크게 성공하는 곳이 되었다. 자기가 하고 싶은 일을 하는 사람만큼 확고한 목표 의식을 가진 이도 드물다. 진정 원하는 길이라면 그것이 가시밭길이라도 가고 싶은 게 사람 마음이다. 하물며 그 일 자체를 사랑하고 며칠, 몇 달, 몇 년을 해도 즐겁기만 하다면 그 꿈은 흔들리지 않는다.

  이들의 자세 역시 마찬가지다. 최고를 지향하지 않기에 좌절할 필요가 없다. 좀 부족하면 어떤가? 자신만의 길을 가는 것만으로도 족하다. 다른 누군가가 되려는 꿈, 남들이 만든 꿈이 아니라 자신이 바라는 꿈이면 된다. 한 발 한 발 앞으로 나아가는 것만으로도 성공의 길을 가는 셈이다. 그러므로 어떤 어려움이 오더라도 훌훌 털고 다시 앞으로 걸어간다. 그 누구의 것도 아닌 나의 꿈이기에.

  노래하는 사람은 남다른 자기만의 노래를 부르면 된다. 춤추는 사람은 어디에도 본 적 없던 자기만의 춤을 추면 된다. 수학을 잘할 필요도,

사람을 휘어잡는 언변을 가질 필요도, 외국어를 능숙하게 구사할 필요도 없다. 학교에서 1등 하지 않아도 상관없다. 최근 뜨고 있는 예능인들처럼 자기만의 길을 간다면 꼴찌도 성공할 수 있다.

TV 프로그램 '생활의 달인'을 보면 판검사나 의사가 되지 않더라도 사회적 성공을 거두는 자기만의 길이 다양하게 펼쳐지고 있음을 확인할 수 있다. 자신만의 비법으로 손님들의 입맛을 사로잡는 식당이나 빵집에서 실내 분위기를 180도 바꿔주는 유리공예 전문가, 손상 부위를 감쪽같이 보수하는 자동차 복원 전문가, 가방이나 가구, 액세서리, 악기 등 그 어떤 것도 수리하는 만능 수리공에 이르기까지 자기만의 색깔로 남다른 길을 가고 있다. 저마다의 마법으로 자신만의 성공을 빚어가는 모습에 존경심이 들 정도다.

남들이 말하는 이상형에 비추어 지금의 자신을 바꾸려 하지 말자. 이래야 한다, 저래야 한다는 소리에 스스로를 지치게 하지 말자. 나는 유일무이한 나일 뿐이다. '누군가'가 되어야만 성공하는 것도, 지금의 내 모습으론 성공할 수 없는 것도 아니다. 그 누구를 위해 사는 인생도 아니다. 실패도 자기만의 길을 가본 후에야 의미가 있다. 주어진 길을 열심히 살았건만 남은 게 아무 것도 없다면 억울함만 가득할지 모른다.

이제 세상은 경쟁하지 않는 자기만의 길에 성공의 빛을 보낸다. 좀 더 나은 그저 그런 것에 식상해 하는 사회, 새로움을 갈망하는 사회, 다양성에 가치를 두는 사회, 독특함에 찬사를 보내는 사회가 이런 변화를 만들고 있다. 열정을 불사를 일, 색다른 독특함, 탄탄대로 이 세 요소만 있다면 언젠가는 반드시 성공하게 된다.

자기만의 길은 당신을 배신하지 않는다

{ 경쟁을 넘어 성공을 향해 달려가는 사람들 }

　공부보다 개를 좋아한 반려견 훈련사 강형욱, 미대 입시에 떨어진 만화가 윤태호, 저질스러운 춤을 추는 B급 가수 싸이, 걷기에 미친 제주 올레의 서명숙, 연극영화과 출신의 역사 강사 설민석, 커피와 사랑에 빠진 박이추, 의대를 나와 요리사가 된 김훈이, PC방 죽돌이였던 게이머 임요환, 인터넷 방송이나 하는 허팝과 이사배. 경쟁 관점에서 보면 그들은 하나같이 허접한 쓰레기들이다. 개나 돌보는 하인, 저급한 만화를 그리는 그림쟁이, 게임과 커피에 빠진 아웃사이더일 뿐이다. 걷는 게 뭐 그리 대단하다며 코웃음 친다. 연극영화과 출신이 역사 강의를 한다는 게 의아하고, 비속한 인터넷 방송은 관심조차 두지 않는다. 확실한 성공의 길인 의사 가운을 벗고 주방장이 되려는 한심함에 그 부모를 불쌍히 여긴다.

　이런 낙오자, 떨거지, 또라이들이 오히려 세상의 전면에 나서고 있다.

이들은 세상이 뭐라 하든 자기만의 길을 걸어간다. 좁디좁은 경쟁의 길에서 벗어나 성공가도를 달리고 있다. 하고 싶은 대로 하면서 부와 명예를 거머쥔 그들의 모습은 이미 부러움의 대상이 된 지 오래다.

반려견의 영원한 친구, 개통령 강형욱

"아버지는 강아지 공장을 했었다. 내가 그렇게 싫어하고, 내가 그렇게 뭐라 하는 강아지 공장을 하셨다. 아버지가 관리하는 친구들이 너무 불쌍했다. 케이지를 3~4층으로 쌓아두고 위에서 배설을 하면 배설물 받침이 있지만 맨날 넘쳤다. 밑에 친구가 맞고, 그 밑에 친구가 맞고. 내가 항상 청소해줬었다. 정말 어렸을 때부터. 그리고 병이 나면 치료나 안락사를 해야 하는데 그렇게 하기에는 돈이 많이 든다. 아버지께서는 방치를 하셨다. 그래서 '이렇게 키우지 마라', '나 나가서 봉사활동 하면서 하고 싶은 대로 할 거야'라며 유기견 봉사 활동을 하고, 또 반려견 훈련사가 되어서 잘 키우고 싶고 그랬던 것 같다."

방송 프로그램 〈어쩌다 어른〉에 출연한 강형욱이 반려견 훈련사가 되려는 꿈을 키운 이유를 묻는 질문에 대답한 내용이다. 어릴 적부터 강아지들의 열악한 상황을 안타깝게 지켜보며 한평생 반려견의 복지 향상에 진력하겠다고 다짐했다니, 반려견 훈련사가 되는 건 어쩌면 하늘이 정해놓은 운명이었는지 모른다.

일명 개통령으로 알려진 강형욱은 반려견에 미친 사람이다. 중학교 1학년 때부터 유기견 센터에 나가 봉사를 하던 그는 아버지처럼 되지 않았으면 하는 어머니의 반대에도 불구하고 중학교 3학년 때 반려견 훈련사가 되기로 결심했다. 그리고는 그해 겨울방학 때부터 반려견 훈련소에 들어가 일했다. 그로부터 20년 가까이 지난 현재 강압적인 훈련법 대신 '혼내지 않아도, 혼나지 않아도 되는 반려견 교육'을 진행하는 보듬컴퍼니를 설립, 운영하고 있다.

강아지 공장을 운영하는 남편을 보며 마음고생하던 강형욱의 어머니가 아니더라도 개 조련사가 되겠다는 자식을 좋아할 부모는 없다. 중학생 시절부터라면 더욱 그러하다. 공부 열심히 해 좋은 대학을 나와 번듯한 직장을 가졌으면 하는 게 부모 마음이다.

그런데 성공과는 거리가 멀어 보였던 개 조련사가 방송에 출연하는 스타가 되었다. 그의 말 한 마디 한 마디를 경청하며 함께 울고 웃는다. 성공은 성적 순에 달려 있다는 믿음이 산산조각 나는 순간이다.

이렇듯 개통령 강형욱이 성공하게 된 데는 세상의 변화가 주효했다. 무한경쟁의 퍽퍽한 삶 속에서 위안을 찾는 사람들의 시선은 반려견을 향했다. 경쟁하는 길에서 영원한 친구가 되어주기 때문이었다. 1인가구의 증가, 핵가족화, 고령사회로의 진입 등이 더욱 부채질했다. 그 결과 애견인 천만 명 시대를 외칠만큼 애견인은 크게 증가했고, 이는 반려견을 가족처럼 대하는 애견인들이 반려견 훈련사를 찾는 수요의 증가로 이어졌다.

그렇다고 반려견 훈련사라고 누구든 성공하는 건 아니다. 개통령 강형욱의 성공에도 남다른 독특함이 숨어 있다. 애견 관련 시장이 고속 성장하는 흐름이 운 좋게 맞아 떨어진 측면도 있지만, 반려견 훈련사들 중에서도 강형욱의 이름이 두각을 보인 데는 카밍 시그널calming signal 을 도입하는 등 새로운 방식으로 반려견들의 문제 해결에 나섰기 때문이다. 모두가 강압적인 훈련을 주장할 때 홀로 친구처럼 온화하게 대하는 그의 방식은 강아지를 가족처럼 대하는 애견인들의 마음을 파고들었고, 방송에도 나오는 등 스타의 반열에 오르게 했다.

물론 그만의 독특함을 갖추기까지 10여 년의 세월이 흘러야 했다. 16살부터 반려견 훈련사를 시작하며 강압적인 반려견 훈련에 염증을 느낀 그는 막노동을 해서라도 돈을 모아 해외 연수를 떠났다고 한다. 돈이 많지 않기에 길면 3주, 짧으면 3일, 이런 식으로 호주, 일본, 노르웨이 등으로 나갔다. 그 과정에서 사람 입장에서 강요하는 훈련이 아닌 반려견 입장에서 바라보는 시선을 배웠다. 그 결과로 반려견과의 소통을 중요시하는 그만의 훈련법이 빛을 보게 되었다.

결국 강형욱의 성공은 반려견의 영원한 친구가 되고 싶은 열정과 이를 현실로 만든 독특한 훈련법, 그에게 탄탄대로가 되어준 세상의 변화, 이 삼박자가 어울려 만든 결과인 셈이다.

만화가에서 웹툰 작가로, 《미생》의 윤태호

만화가라는 단어를 들으면 무엇이 떠오를까? 저질스러운 만화, 음습한 만화방, 공부와는 담쌓은 아이, 화가가 되지 못한 낙오자. 우리네 상상 속에선 만화가는 밑바닥 삶이 기다리는 미래와 닿아 있다. 그런데 그런 만화가가 당당히 방송에 나와 사람들의 찬사와 갈채를 받고 있다.

윤태호. 지금은 모두가 알고 있는 유명스타가 되었지만, 30여 년 전에는 미대 입시에 떨어진 별볼일 없던 가난한 청년이었다. 그림을 그리는 것 말고는 다른 일을 생각해본 적이 없었기에 인문 계열 재수를 권하는 아버지에게 무작정 상경해 만화 학원을 다니겠다고 말했다. 물론 서울에서의 생활은 말 그대로 비참했다. 변변한 자금 지원도 없던 터라 학원에서 취식하거나 노숙을 하며 전전했다. 그러다 어렵사리 들어간 곳이 바로 유명 만화가 허영만 화실이었다.

그곳에서 차곡차곡 기본기를 다진 그는 허영만 화실을 나와 만화가 조운학의 문하생으로 들어가며 실력을 차곡차곡 쌓아갔다. 그 결과 25살의 나이에 자신의 이름을 내건 만화를 출간하게 되었다.

유명 만화가의 화실에서 주어진 작업만 하던 문하생들에게 자기 이름으로 자신의 만화를 출간하는 건 꿈의 완성이리라. 그런데 그에게 데뷔는 처참한 자기와의 대면으로 다가왔다. 당시의 심경을 〈시사인〉과의 인터뷰에서 다음과 같이 밝혔다.

"그림에는 어마어마하게 공을 들였는데, 그 그림이 담고 있는 얘기는 쓰레기 같달까? 아홉 번 퇴짜 맞은 작가의 아집, '이래도 나를 안 써줘?'라는 식의 자기 과시. 그런 게 느껴졌다. 그 뒤 작품을 연재하는 4개월이 지옥 같았다. 너무 비참해 데뷔를 포기하고 다시 문하생으로 들어갔다."

빈약한 스토리로 인한 데뷔작의 실패에서 그는 자기만의 시선으로 자신만의 색깔을 갖추는 게 얼마나 중요한지 깨달았다. 이에 군사 정권 시절의 광주에서 자라나 가난했던 어린 시절의 아픔, 치기 어린 20대 때의 풍찬노숙 경험, 힘들었던 시절 느꼈던 미래에 대한 두려움 등을 윤태호만의 캐릭터에 온전히 담으려 했다. 이렇게 10여 년이 넘도록 노력한 결과가 바로 세상에 화제가 된 《이끼》, 《내부자들》, 《미생》이었다.

자기만의 시선을 담은 윤태호만의 작품 세계는 세간의 화제를 불러일으켰다. 누구나 아는 뻔한 것을 보여주는 동어 반복을 지양하고, 윤태호만의 개성을 통해 누구나 공감하는 이야기를 전했기 때문이다. 실제로 드라마로까지 제작된 《미생》 역시 비정규직 사원의 회환과 아픔을 실제 현실이라고 느껴질 만큼 그려냄으로써 독자들의 공감을 얻으며 선풍적인 인기를 얻었다. 중국 등 해외에서도 번역 출판되며 성공을 확대 재생산할 수 있었던 것도 모두가 공감했기 때문이다. "죽을 만큼 열심히 하면 나도 가능한 겁니까?" 고졸 출신의 비정규직 사원 장그래의 외침에 독자들도 함께 울었다.

이처럼 우리가 저급하게 바라보는 만화라도 자신만의 독특함을 내세우면 얼마든지 성공할 수 있다. 윤태호의 스승인 허영만의 《식객》이 대표적이다. 이처럼 잘 몰랐던 팔도강산의 음식과 식재료들, 숨겨진 맛집을 함께 버무려 감동의 스토리로 담아낸 걸 본 적이 있는가? 음식 문화에 대한 수준 높은 인문학이라는 찬사도 아깝지 않다. 일본을 대표하는 요리 만화 《미스터 초밥왕》의 작가 테라사와 다이스케Terasawa Daisuke도 "《식객》은 광범위한 문제 의식과 능숙한 드라마 구성이 돋보이는 작품으로, 한국 문화사에 영원히 남을 것이다."라고 경의를 표했다. 어디에서도 볼 수 없던 독특함은 어디서나 성공한다.

하지만 독특한 콘텐츠만이 윤태호의 성공 요인이었던 건 아니다. 사실 만화가 윤태호가 성공하게 된 결정적인 계기는 웹툰에 있었다. 데뷔 후 자신만의 개성을 찾아가던 그는 '안정적인 작화와 탄탄한 스토리'라는 평을 들으며 출판 만화 시장에서 인정받는 작가가 되었다. 하지만 그저 그런 만화가에 머물던 윤태호가 지금의 자리에 오를 수 있게 된 데는 2008년 《이끼》의 웹툰 연재가 결정적이었다. 이후 《내부자들》, 《미생》 등을 연이어 웹툰에 연재하며 윤태호만의 작품을 세상에 알리게 되었다. 이제 우리는 윤태호를 만화가가 아닌 웹툰 작가라 부른다.

참고로 웹툰은 인터넷을 뜻하는 웹web 과 만화를 의미하는 카툰cartoon 의 합성 신조어로, 인터넷 시대의 도래로 시작된 분야다. 초기 개인 블로거들의 웹툰으로 자리잡다가, 2003년 다음에서 〈만화 속 세상〉

코너가 개설된 것을 시작으로 본격적인 웹툰 시장이 펼쳐졌다. 그러다 2000년대 후반 들어 스마트폰의 등장은 웹툰 시장의 성장에 기름을 부었다. 지금도 여전히 웹툰 시장은 성장세를 구가 중이다. 만약 그가 만화책만을 출간하는 기존의 만화가를 고집했다면 지금의 윤태호는 없었을지 모른다. 그에게 웹툰은 성공으로 가는 탄탄대로가 되어 주었다.

결국 개통령 강형욱의 성공 방정식이 윤태호에게 동일하게 적용되었다. 노숙도 마다하지 않는 열정, 윤태호만의 색깔, 웹툰이라는 탄탄대로. 이 삼박자가 그에게도 장밋빛 미래를 안겨주고 있다.

걷기 여행길의 대모, 제주올레 서명숙

강형욱이나 윤태호처럼 어린 시절부터 자기만의 길을 가는 게 아니라 늦은 나이에 찾은 사람도 있다. 오십이 되어 제주 올레길을 만든 서명숙 제주올레 이사장이 그러하다. 고려대 졸업 후 기자 생활을 시작해 〈시사저널〉 편집장, 〈오마이뉴스〉 편집국장을 하는 등 화려한 언론인의 길을 걷던 그녀가 돌연 고향으로 돌아가 올레길을 만들었다. 그런데 걷기 여행길이 언제나 그녀의 꿈이자 인생의 목표였던 건 아니다. 그렇기에 그녀의 지인들은 그 결정에 깜짝 놀랄 수밖에 없었다.

그녀가 자기만의 길을 만나게 된 건 갑자기 찾아온 건강 이상 때문이었다. 전쟁터 같은 취재 일선에서 온갖 스트레스를 받다 보니 건강이 나빠진 것이다. 병원을 찾아도 별 이상이 없다는 대답만 듣자, 그녀는 건강을 회복하기 위해 걷기 운동부터 시작했다.

이렇게 시작한 '걷기'에 그녀는 완전히 빠져들었다. 취재 경쟁, 속도 경쟁, 특종 경쟁에 시달리던 그녀에게 걷기는 몸과 마음을 힐링할 수 있는 명상의 순간으로 다가왔기 때문이다.

걷기, 걸음, 거닐기. 우리는 모두 걷는다. 목적지에 가기 위해 걸음을 재촉한다. 하지만 정처 없이 한가로이 거닐어 보기는 쉽사리 행하지 못한다. 거닐기는 여유로운 자들만이 누리는 특권이다. '베어 버리니 풀 아닌 게 없지만, 두고 보자니 모두가 꽃이더라'는 주자朱子의 말처럼 일상의 꽃들과 조우하려면 한가로운 거닐기보다 좋은 게 없으리라. 한 걸음 속에 물결이 일렁이고, 한 걸음 속에 달빛이 출렁인다. 행복은 늘 당신의 발밑에 있음을 그녀도 어렴풋이 느꼈다.

이에 그녀는 〈오마이뉴스〉 편집국장 자리를 박차고 세상에서 가장 긴 길, 스페인 산티아고의 순례길을 걸었다. 36일 동안 총 800km의 대장정을 걸으며 '나를 온전히 사랑하는 순간'을 맞이하게 된 그녀는 제주올레길을 만들겠다는 결심을 한다. 특히 여행길에서 만난 영국인이 '24시간 찜질방이 있는 당신 나라에는 이런 걷기 코스가 정말 필요할 것 같다'며 다음과 같이 말한 조언이 결정타를 날렸다.

"우리는 이곳에서 참 행복했고, 많은 것을 얻었어. 그 행복을 다른 사람들에게도 나눠줘야 한다고 생각해. 누구나 우리처럼 산티아고에 오는 행운을 누릴 순 없잖아. 우리, 자기 나라로 돌아가 각자의 까미노를 만드는 게 어때? 너는 너의 길을, 나는 나의 길을."

　국내로 돌아온 그녀는 다짜고짜 자신의 고향에 사단법인 제주올레를 설립하고 본격적으로 걷기 여행길을 만들기 시작했다. "누가 비행기 타고 제주도까지 와서 굳이 길을 걸을까?"라는 주위 사람들의 만류에도 불구하고, 그녀는 자기만의 길을 묵묵히 걸어갔다. 부딪히고, 넘어져도 자신의 꿈을 향해 나아갔다. 때론 해병대 장병들의 도움을 받아 일일이 돌을 옮겨 바윗길을 평탄하게 만들기도 하고, 사라졌던 길을 복원하기도 했다. 그 결과가 바로 전국적으로 도보 여행 열풍을 일으킨 제주 올레길이다. 참고로 올레는 제주 방언으로 집에서 거리로 나가는 좁은 골목을 의미한다.

　이렇게 제주 올레길이 하나하나 완성되자, 사람들은 이 색다른 여행 코스에 열광하기 시작했다. 관광지 중심의 보는 여행에 식상해 하던 사람들이 우리나라 그 어디에도 없던 독특한 걷기 여행길, 힐링 여행에 푹 빠진 것이다. 무한경쟁의 속도전에 지친 이들에게 천천히 걸으라며 권유하는 느림은 행복으로 다가왔다. 그녀도 이렇게 말했다. "차량으로 휙휙 이동하면 눈만 즐겁지만, 같은 장소라도 걸어서 가면 오감이 충족된다. 철썩이는 파도 소리를 라이브 음악으로 들으면서, 목덜미를 간질이는 해풍을 느끼면서, 꽃 향기를 흠흠 맡으면서, 풀섶에 숨은 산딸기와 볼레낭 열매를 따먹으면서, 나비의 미세한 날갯짓까지 지켜보는 즐거움이란!"

제주 올레길만의 독특함도 성공에 한몫 했다. 세계자연유산으로 등재된 제주도의 아름다움을 몸소 느끼고 체험할 수 있기 때문이다. 제주의 오름과 바다, 그 안에 담긴 제주의 속살까지 오롯이 만날 수 있는 길이기도 하다. 그녀도 이렇게 말했다. "산티아고 길에 성 아고보의 히스토리history 가 있다면, 제주 올레길에는 설문대할망과 그녀의 후손인 '살아있는 여신' 해녀들의 허스토리herstory 가 있다."

지친 영혼들이 세상의 짐을 잠시 내려놓고 안식을 얻는 길, 속도전에서 해방되어 느림의 미학을 온전히 느낄 수 있는 길, 간세다리(느리고 게으른 사람을 의미하는 제주 방언)가 되어도 그 누구도 비난하지 않는 길, 그 길이 여기에 있다.

역사 강의를 연극처럼, 에듀테이너 설민석

"역사를 사랑하는 대한민국 국민 여러분! 저는 21년 동안 이 땅에서 한국사 강의를 해온 한국사 전문가 설민석입니다." 이렇듯 거창하게 자기 소개를 하는 에듀테이너 설민석. 역사를 그처럼 쉽고 재미있게 강의할 사람이 또 있을까? 완벽하게 아는 사람만이 쉽게 설명할 수 있다고 했으니, 그 역시 해박한 역사 전공자라 여기겠지만 틀렸다. 연기에 관심 많은 연극영화과 출신이기 때문이다.

교육 분야라는 점에서 학창 시절 공부 잘하는 모범생이었을 거라 생각하지만, 그와도 거리가 멀었다. 공부보다는 풍류를 즐기고, 친구들 앞에 나서 웃기길 좋아했다. 물론 '역사는 지루하다'며 싫어하는 과목에 올려놓았다. 그랬기에 스물 다섯의 늦은 나이에 연극영화과에 들어가게 되었다.

그랬던 그가 역사를 가르치게 된 건 순전히 생계 때문이었다. 신문 배달에 식당 서빙 등 온갖 아르바이트를 하다 만난 게 역사 강의였다. 그런데 이 우연한 기회가 인생을 바꾼 발걸음이 될 줄이야 그도 운명의 손이 다가온 줄 당시엔 몰랐을 것이다.

물론 이 기회를 자기만의 길로 만든 건 그만의 독특함이었다. 무조건 외워야만 하는 역사 수업에 힘들어하는 학생들을 보며, 그는 좀 더 이해하기 쉽도록 인물과 스토리에 집중했다. 그러고는 강단을 무대로, 자신을 선생님을 연기하는 배우라는 개념으로 접근했다. 그러면서도 부족한 역사 콘텐츠를 독학으로 하나하나 채워나갔다.

그러자 학생들은 한 편의 연극처럼 진행되는 재미 만점의 설민석 강의에 빠져들었다. 다른 역사 강의들이 강의의 전달 내용에만 집중했다면, 그의 강의는 전달 방식에 집중했기 때문이다. 어찌 보면 교육자라기보다 엔터테이너에 가깝게 느껴질 정도다.

게다가 인터넷 강의는 지루하기만 한 여느 강의와는 다른 설민석만의 독특함을 널리 알리는 계기로 작용했다. 제한된 공간에서 몇몇 학생들만 만나는 강의로 그만의 독특함을 알리려면 오랜 세월이 필요했을 것이다. 그런 그에게 전국 어디에서나 볼 수 있는 인터넷 강의는 탄탄대로로 작용했다. 특히 동영상 강의를 조금 볼 수 있는 맛보기는 그의 등에 날개를 달아주었다.

이렇듯 설민석의 성공에도 그만의 독특함과 탄탄대로가 함께했다. 그런데 역사에 대한 관심과 열정이 높지 않았음에도 성공했다는 점에서 앞서 살펴본 이들과는 성공 방정식이 다르다고 생각할 수 있다. 하지만 곰곰이 생각해보면 그 역시 열정이 성공으로 가는 요인이었음을 알 수 있다.

윤태호는 꿈에 대해 이렇게 말한 적이 있다. "꿈을 묻는 질문에 직업으로 대답하지 말고, 어떤 사람이 되고 싶은지, 어떤 삶을 살고 싶은지 대답했으면 좋겠다."

흔히 꿈이라 하면 배우, 만화가, 변호사, 교사 등 직업으로 생각한다. 하지만 직업은 꿈을 이루기 위한 수단일 뿐이다. 윤태호도 단지 만화가가 아니라 'ㅇㅇㅇ하는' 만화가가 꿈이어야 한다고 했다. 어떤 일을 하며 살아갈 것인가는 단순히 직업으로 접근하는 차원을 넘어선 것이기 때문이다.

그러고 보면 설민석의 꿈은 이루어진 셈이다. 연기하는 배우가 되고 싶었던 그는 현재 역사를 연기하는 강사로 살고 있기 때문이다. 연기하며 살고 싶다는 꿈을 굳이 배우에만 고정시킬 필요는 없다. 연기하는 교사로, 연기하는 영업맨으로도 펼쳐나갈 수 있다. 연기하며 사는 삶이면 된다.

결국 연기에 대한 열정이 역사 강의에 접목되어 성공의 기반이 된 셈이다. 그런 점에서 일부 역사학자들은 설민석을 폄훼하기도 하지만, 굳이 경쟁할 필요가 없으니 부딪힐 이유도 없다. 그는 역사를 전문으로 연구하는 학자가 아니라 사람들에게 역사를 전달하는 매개체이기 때문이다. 역사를 공부하고 연구하는 이들만 있어야 하는 건 아니다. 역사 전문가들에게 전문적으로 강의하는 사람도 있어야 하지만, 역사를 잘 모르는 이들에게 쉽게 설명하는 이도 필요하다.

설민석, 그는 설민석만의 길을 가면 된다. 그것으로 충분하다.

영원한 보헤미안, 바리스타 박이추

강릉 하면 동해 바다가 넘실대는 경포대 해수욕장, 해돋이 명소 정동진, 신사임당과 율곡 이이의 생가 오죽헌 등이 생각난다. 그런데 커피를 좋아하는 이들이라면 다른 명소를 먼저 떠올린다. 바로 안목 해변의 강릉 커피거리가 그것이다.

강릉항에서 안목 해맞이 공원으로 이어지는 해변에 위치한 강릉 커피거리. 시원하게 펼쳐진 동해 바다와 함께 향기로운 커피 한잔을 즐기는 여유는 문화체육관광부로부터 한국 관광 발전에 기여한 공로로 '한국관광의 별'이라는 상까지 받을 정도로 매력적이다.

그런데 언제부터 강릉이 커피로 유명해진 걸까? 여러 얘기가 오고 가지만 이것 하나만은 분명하다. 유명한 커피 명인이 서울에서 내려와 자리잡은 뒤부터 커피 전문점들이 하나둘 들어서기 시작했다. 그가 바로 국내 바리스타 1세대의 대표 주자 박이추 보헤미안 대표다.

그의 커피 사랑은 남다르다. 1949년생으로 70의 나이에 카페를 운영하는 게 쉬운 일은 아니다. 그럼에도 손님에게 제공하는 커피만큼은 지금도 여전히 핸드드립 방식으로 직접 내린다고 한다. 무려 30년의 세월 동안 오로지 커피만 내리고, 또 내렸다.

이런 커피 사랑은 30대 시절부터 피어났다. 재일교포 출신으로 한국에 돌아와 시골 목부의 삶을 살던 그는 일본에서 맛본 원두커피를 잊을 수 없어 커피 전문가의 길을 걷기 시작했다고 한다. 80년대 국내에선 원두커피가 생소한 것이기에 일본으로 건너가 중앙커피주식회사와 깃사텐학원에서 공부하고 일본커피연구소의 가라사와 소장에게 개인 지도를 받는 등 전문성을 연마했다. 그리고는 서울에 원두커피 전문점을 열었다. 물론 카페를 운영하면서도 커피 배우기는 꾸준히 이어졌다. 일본의 커피 전문 서적도 찾아보고 필요하다면 일본의 커피 명인들을 찾아 두세 달씩 배우기도 했다.

그랬기에 단순한 카페 사장이 아닌 커피의 명인으로 사람들의 입에 오르내릴 수 있었던 건 아닐까? 그도 이렇게 말했다. "커피가 맛이 없다면 그건 사람의 죄이지, 커피의 죄가 아니다." 이 말에서 커피에 관한 한 그 누구도 따라올 수 없는 전문성과 자신감, 커피 명인의 품격이 고스란히 느껴지지 않는가? 고집스럽게 좋은 생두를 골라 최고의 로스팅 기술을 통해 커피를 위한 커피를 만든다는 그의 철학은 지금도 마시는 이들에게 일상의 근심을 잠시 내려놓고 쉴 수 있는 작은 행복을 전해주고 있다.

좋은 커피는 삶의 갈증을 잊게 해준다며 커피에서 인생의 의미를 찾는 커피 철학자 박이추에게 커피는 인생의 전부이자 삶의 의미와 다름 없다. "커피가 가진 가장 큰 매력은 삶의 여유다. 갈증 때문에 마시는 다른 음료와는 다르다. 커피는 말 그대로 인생을 풍요롭게 하는 삶의 동반자가 되어야 한다."라는 그의 말처럼 커피는 동반자이자 친구로 언제나 그의 곁에 있다.

'처음부터 끝까지 커피쟁이'라 자칭하는 박이추처럼 열정을 바칠 수 있는 사람이 얼마나 될까? 그랬기에 그 명성이 지금도 회자되고 있는지 모른다. 거기에다 전문성을 가미한 독특함과 소확행과 함께 불어온 원두커피 열풍이 가세해 삼박자를 이룸으로써 자기만의 길을 가고 싶은 이들에게 부러움의 대상이 되고 있다.

의대를 박차고 나온 셰프 김훈이

한국 레스토랑 중 최초로 미슐랭 가이드로부터 별 등급을 받은 '단지Danji', 〈뉴욕타임스〉가 선정한 올해의 뉴욕 10대 레스토랑에 당당히 다섯 번째로 이름을 올린 '한잔Hanjan'. 이 두 곳에는 공통점이 있다. 바로 셰프 김훈이가 운영하는 레스토랑이라는 점이다.

우리에게 다소 생소한 이름이긴 하지만, 김훈이의 특이한 이력이 금방 눈길을 끌게 만든다. 바로 의학전문대학원 졸업을 고작 한 학기 남기고 중퇴해 요리사의 길을 시작했다는 점이다. 성공의 길이 예약된 전도 유망한 예비 의사에서 아무 것도 보장되지 않은 밑바닥 요리사로 전직한 셈이었다. 과연 누가 그런 결정을 내릴 수 있을까? 그것도 자식이 의사 되는 것만을 낙으로 삼으며 힘든 이민 생활을 버티시는 홀어머니와 결혼한 지 6개월 밖에 안 된 아내를 두고 말이다.

그도 처음엔 의사가 되어 많은 사람들을 도와주고 싶다는 꿈을 키워나갔다. 그랬기에 어머니의 뜻에 따라 UC 버클리대 생물학과를 나와 코네티컷 주립대 의학대학원에 진학했던 터였다. 하지만 의대 생활은 맞지 않은 옷처럼 내내 불편하게 다가왔다. 게다가 병원 안에 가득한 슬픔과 우울은 그의 마음도 병들게 했다. 차곡차곡 누적된 스트레스는 심한 두통을 안겨주기도 했다. 결국 1년 동안 휴학하며 심신을 추스를 시간을 가질 수밖에 없었다.

잠시 쉬는 동안 평소 미식가로 요리에 관심이 많던 그는 취미 차원에서 프랑스 요리 전문학교인 FCI에 등록해 요리를 배웠다고 한다. 그런데 이렇게 시작한 요리가 삶을 바꾸는 전환점이 되었다. 그도 이렇게 말했다. "의사 공부를 할 때는 병원에 있지 않고 집에 있는데도 두려움을 느꼈다. 그런데 요리를 시작하니까 그 두려움이 완전 반대로. 식당에 늘 가고 싶고 내일도 일하고 싶고 그랬다."

삶의 행복은 결과물이 아니라 과정에 있다. 인생의 대부분을 일하며 보내는데 일 속에서 행복을 느끼지 못한다면 그건 죽은 인생일 뿐이다. 그도 역시 그렇게 생각했었나 보다. 어머니의 간곡한 만류에도 불구하고 모두가 선망하는 의사라는 직업까지 포기하면서 늦은 나이에 행복을 찾아 미지의 길로 발걸음을 옮겼으니.

물론 그 시작은 기본을 다지는 데에서 출발했다. 현장 경험을 쌓기 위해 프랑스 레스토랑 '대니얼'의 문을 두드렸다. 밑바닥부터 시작해 2년간 프랑스 요리를 배운 그는 다시 일식 레스토랑 '마사'에서 2년간 일했다. 두 곳 모두 미슐랭 가이드 별 3개를 받은 세계적인 레스토랑으로, 요리사를 지망하는 이들에겐 꿈의 직장이자 2주도 버티기 힘든 고행의 곳이기도 했다. 그런 곳에서 재료의 중요성과 과학적인 레시피 등 요리의 정석을 배운 그는 자신만의 요리를 내놓을 준비를 모두 마쳤다.

2010년 뉴욕 맨하튼에서 자신의 이름을 내건 식당, '단지'를 오픈했다. 프랑스 요리와 일본 요리를 배운 그가 한국 식당을 낸 것이다. 3살 때 한국을 떠난 그가 왜 한국 식당을 하는 걸까? 여기엔 앞서 언급한 독특함의 성공 방정식이 숨어 있다. 프랑스 요리나 일본 요리는 아무리 잘해도 따라 하는 것밖에 되지 않는다. 이미 세계적인 음식들로 넘쳐나는 뉴욕에서 그 정도로는 생존하기도 벅차다. 결국 어디에도 볼 수 없는 독특함이 필요한데, 김훈이는 한국 요리를 내세운 것이다.

프랑스인 셰프가 프랑스 요리를 만들고 일본인 셰프가 일본 요리를 만들듯이, 한국인 셰프는 당연히 한국 요리를 만들어야 하지 않을까? 할리우드 스타 드류 베리모어나 나탈리 포트만 등을 사로잡은 비결은 바로 흔히 맛볼 수 없던 독특함에 있었다. 독특함은 어디에서나 통하기 마련이다. 정말 한국적인 음식을 내놓는다면 뉴욕에서도 성공할 수 있음을 셰프 김훈이가 보여주고 있다.

실제로 '단지'와 2012년 오픈한 한국식 주점 '한잔'에서는 서울보다도 더 전통적인 한국 음식을 내놓는다. 막걸리에 파전, 갈비찜, 잡채, 심지어 된장찌개까지. 게다가 외국인들은 토속적인 장맛을 싫어할 거라는 편견을 깨고, 한국의 진짜 장맛도 그대로 살렸다. 된장, 간장, 고추장, 고춧가루, 참기름은 한국에서 직접 공수하기까지 했다. 그 역시 자신의 성공 비결을 미국인의 입맛에 맞추려 하지 않고 가장 한국적인 맛으로 밀고 나간 것이라고 말했다.

결국 김훈이의 성공은 요리에 대한 열정과 한국 요리의 독특함, 미슐랭 가이드라는 탄탄대로가 기반이 되었다. '요리사는 행복을 전해주는 사람'이라는 그의 말에 진정 행복한 사람은 김훈이가 아닐까라는 생각이 든다.

테란의 황제, 게이머 임요환

앞서 살펴본 이들은 열정과 독특함을 무기로 자기만의 길을 가다 탄탄대로를 만나 성공을 축적했다면, 정반대로 이미 열려 있는 탄탄대로를 독특함으로 달려간 이들도 있다. 바로 테란의 황제, 게이머 임요환이 그러하다. IMF 이후 PC방이 우후죽순처럼 생겨나며 본격적인 PC 게임 시대가 열리자 그는 새로 열린 탄탄대로를 활용해 자기만의 길을 성공적으로 걸어갔다.

스타크래프트, 지금은 신종 게임들에 밀려 많이 하지 않지만 한때 세계를 들썩이게 만든 게임이다. 한국의 게임사는 스타크래프트 이전의 암흑기와 이후의 찬란한 르네상스로 나뉜다고 할 정도로 특히 우리나라에서 스타크래프트 열풍이 불었다. 그 열풍의 한가운데 임요환이 있었다.

우리는 게임 하면 사회 낙오자, 떨거지의 전유물처럼 생각한다. 임요환 역시 그런 부류 중 한 명이었다. 중·고등학교 시절 꼴찌를 간신히 면하는 낙제생이자 오락실 다니는 재미로 살던 부적응자였다. 고등학교 3학년 때 스타크래프트를 만나고, 재수하면서 PC방 죽돌이가 될 정도로 공부와는 인연이 없었다.

그렇게 경쟁하는 길에선 성공을 찾을 수 없었던 그에게, 이대로라면 밑바닥 생활을 전전할 수밖에 없던 그에게 탄탄대로가 열리기 시작했다. PC 게임 시대의 도래로 프로게이머라는 직종이 탄생했기 때문이다. 공부엔 소질이 없는 PC방 죽돌이였던 그에겐 선택의 여지가 없었다.

이렇게 들여놓은 프로게이머의 세계에서 그는 열정을 불태웠다. 게임을 앞두고 30시간 넘게 연습만 한 적도 있을 정도로 깨어 있는 시간엔 연습에만 몰두했다. PC방 죽돌이라는 주위의 따가운 시선에도 불구하고 죽자 살자 노력에 노력을 더했다.

하지만 노력을 낳은 열정만이 임요환의 성공을 만든 건 아니다. 아니, 그보다는 임요환만의 독특함이 성공을 일궜다고 해야 할 것이다. 바로 어디에서도 볼 수 없던 임요환만의 전략이 그것이다.

스타크래프트는 테란, 저그, 프로토스라는 3종족이 우주의 지배권을 놓고 전쟁하는 전략 시뮬레이션 게임이다. 즉, 게이머는 특성이 다른 3종족 중 하나를 선택한 뒤, 다른 게이머와 전쟁을 벌여 이기는 게이머가 승리한다. 어느 종족을 선택해 어떤 전술로 상대를 제압하느냐에 따라 승패가 좌우된다.

당시의 스타크래프트 게임에선 3종족 중 테란은 가장 열등한 종족이었다. 당연히 프로게이머들은 테란을 기피했다. 그런데 그 테란을 선택해 우승을 거머쥔 이가 바로 임요환이었다. 왕따 대우를 받던 종족 테란을 택하고, 속도가 느리다는 이유로 외면하던 드랍쉽으로 승리하는 임요환만의 전략은 사람들의 관심을 끌기에 충분했다. 그것도 거의 질 것 같은 경기를 극적으로 뒤집는 그의 방식에 사람들은 열광할 수밖에 없었다.

결국 임요환의 성공은 광기에 가까운 몰입과 열정, 누구도 거들떠 보지 않던 테란으로 승부수를 던지는 독특함, 본격적인 PC 게임 시대의 도래, 이 삼박자가 만든 결과물이다.

　다른 얘기지만, 임요환과 함께 꼭 거론되는 이름이 있다. 바로 만년 2인자 홍진호다. 테란의 황제 임요환과 폭풍저그 홍진호의 대결은 사람들이 임진록이라 부를 정도로 언제나 관심을 유발했다. 물론 그 결과는 임요환의 승리로 귀결되어, 홍진호는 만년 2인자라는 명성을 얻게 되었다고 한다. 그런데 그랬던 홍진호는 최근 방송에서도 두각을 보이며 성공가도를 달리고 있다. 어찌 보면 만년 2인자 홍진호 역시 패배를 통해 자신만의 독특한 길을 구축한 셈이다. 경쟁 관점에서 보면 도저히 이해가 되지 않는 결과이겠지만.

유튜브 크리에이터, 허팝과 이사배

　테란의 황제 임요환처럼 탄탄대로를 만나 성공한 이들이 또 있다. 좋든 싫든 세상은 변한다. 그 변화 속에 기회를 찾는 것도 능력이다. 주파수만 맞으면 누구든 탄탄대로를 달릴 수 있다. 유튜브 크리에이터 허팝과 이사배가 여기에 속한다.

　동영상 플랫폼으로만 알았던 유튜브가 1인 미디어 시대를 열며 경쟁하지 않는 길을 확장시키면서 부의 지평까지 바꾸고 있다. 한 달에 15억 명 이상이 시청하고 분당 4백 시간 분량의 동영상이 새로이 업로드되는 곳이 바로 유튜브다. 사람들은 유튜브를 보며 숙제하고, 요리와 메이크업을 배우고, 울고 웃는다. 그 분야도 게임에서 시사, 먹방, 음악,

뷰티, 요리, 살림, 교육에 이르기까지 전 방면에 걸쳐 있다.

그러다 보니 좋아하는 한 분야에 열정을 쏟을 수만 있다면 할 일 없는 동네 백수도, 게임에 빠진 낙오자도, 축구를 광적으로 좋아하는 청년도, 아이돌에 열광하는 덕후도, 프라모델 등 장난감에 미친 키덜트도 성공할 길이 열렸다. 경쟁하는 길처럼 경쟁력을 갖출 필요도 없다. 금수저로 태어나지 않아도, 자본이 없어도, 공부를 잘하지 않아도 누구나 도전할 수 있다. 열정을 불사를 자세만 있으면 누구나 시작할 수 있다.

하지만 성공한다는 보장은 없다. 무한한 가능성이 자신에게도 무조건 적용되는 건 아니다. 자신이 좋아하는 일을 콘텐츠로 할 수 있다는 점에서 매력적이긴 하지만, 그 길이 쉬운 건 아니다. 유튜브의 신 대도서관도 직장이나 학교를 때려치우고 모든 것을 투자해 시작하기보다는 일상생활과 병행하는 게 현명하다고 조언하는 것도 그 때문이다.

그렇다면 어떻게 해야 성공할 수 있을까? 그에 대한 힌트는 초통령 허팝과 뷰티 크리에이터 이사배에게서 찾을 수 있다. 구독자 180만 명, 콘텐츠 누적 조회수 12억 뷰를 자랑하는 초통령 허팝은 언제나 노란색 옷을 입고 어디에서도 볼 수 없던 기상천외한 실험을 단행함으로써 허팝만의 독특함을 부각시켰다.

특히 허팝은 예능 프로그램 〈무한도전〉처럼 성공 여부와 상관없이 끝까지 황당한 실험에 도전하는 끝판왕으로 유명하다. 다른 크리에이터들이 '물풍선으로 욕조 채우기'를 했다면, 허팝은 '물풍선으로 수영장

채우기'를 하는 식으로 황당함의 끝을 달린다. 설탕 1kg으로 달고나 만들기, 문어 한 마리가 통째로 들어간 초대형 밥솥 타코야키 만들기, 37리터 초대형 왕푸딩 만들기, 대형 헬륨 풍선으로 하늘 날기 등 상상을 넘는 황당한 실험을 진행했다. 물론 이런 황당한 실험은 관심을 끌기에 충분했고, 허팝의 명성 또한 높아졌다.

구독자 170만 명을 자랑하는 이사배 역시 마찬가지다. 그녀가 사람들의 관심을 사로잡을 수 있었던 비결은 그 어디에서도 볼 수 없었던 커버 메이크업을 보여줬기 때문이다. 그녀는 특수분장사였던 자신의 장기를 발휘해 화장만으로 유명인들의 얼굴을 실시간 모방해 선보였다. 특히 '가시나'를 부른 선미와 똑같이 모방해 보는 이들을 놀라게 했다. 이외에도 아이유, 수지, 이효리, 태연 등 여러 연예인들을 모방했으며, 심지어 영화 〈범죄도시〉의 장첸 얼굴까지 분장하기도 했다.

허팝과 이사배, 결국 이들의 성공 역시 자기만의 독특함으로 유튜브 세계에서 자신만의 성공가도를 달리고 있다. 아무리 떠오르는 유튜브의 세계라 해도 독특함을 갖추지 않은 채 들어가는 건 그저 남들과 치열하게 경쟁하는 꽉 막힌 도로로 진입하는 행위일 뿐이다.

농사에도 길이 있다, 삼채총각 김선영

그런데 자신이 가고 싶은 길에 유튜브와 같은 탄탄대로가 뒷받침되지 않는다면 어떻게 해야 할까? 사실 누구에게나 유튜브와 같은 기회가 깔려있는 건 아니다. 때론 성장이 정체된 분야, 좀처럼 희망이 보이지 않는 분야일 수 있다. 분야를 바꾸는 게 좋겠지만 그 분야를 꼭 하고 싶다면 고민이 될 수밖에 없다. 그렇다면 가시밭길 속에서 자기만의 활로를 찾을 줄도 알아야 한다. 농사에 모든 것을 건 삼채총각 김선영처럼 말이다.

농사라면 어떤 생각이 떠오르는가? 쭈글쭈글한 얼굴과 거친 손, 돈벌이가 되지 않는 힘든 일, 노인들만 하는 사양 산업의 대표적인 분야. 이런 곳에서도 자신만의 독특함으로 억대 농부의 길을 가는 이들이 있다. 삼채총각 김선영도 그중 한 명이다.

고등학교 시절 중간 정도의 성적을 올리던 그는 이대로라면 그저 그런 삶을 살 수밖에 없다는 생각에 새로운 도전을 하기로 결심했다. 군 제대 후 호텔리어가 되겠다는 일념으로 호주 유학을 선택했다. 이를 위해 닥치는 대로 아르바이트를 해 유학 자금을 마련했다. 물론 호주에서의 유학 생활도 자금 사정 때문에 편치 않았다. 낮에 공부하고 밤에 일하는 고행의 연속이었지만, 자신의 미래를 위해 투자한다는 마음으로 묵묵히 걸어갔다.

그러다 그는 자신의 인생을 걸 아이템과 우연히 만나게 된다. 한 강의에서 농업 분야의 밝은 미래에 대해 들은 바 있던 그는 삼채라는 식물이 호주에도 있는지 물어보는 아버지와의 통화가 도화선이 되었다.

삼채는 달고, 쌉싸름하며, 매운 3가지 맛을 내는 묘한 채소로, 고기와 함께 먹으면 딱 좋을 재료였기 때문이다. 아직 국내에선 생소한 채소였기에 할 수만 있다면 성공 가능성이 높아 보였다.

이에 그는 당장 유학 생활을 정리하고는 삼채를 들고 국내로 돌아왔다. '대한민국의 모든 삼채는 나를 통한다'는 목표로 삼채 농사, 아니 삼채 사업을 벌이겠다고 결심한 것이다. 물론 힘들게 관광경영학을 배워 놓고 농부의 길을 가겠다는 그를 모두 이상한 놈 취급했음은 물론이다. 그럼에도 그는 어디에도 없던 자기만의 아이템만이 성공할 수 있다는 확신으로 밀고 나갔다.

하지만 농사에 문외한이었던 그에게 삼채는 쉬운 아이템이 아니었다. 한창 취직 준비에 바쁠 스물 여섯의 나이에 매일 씨를 뿌리고, 물을 주고, 잡초를 뽑았다. 그렇게 농사에 전심전력을 기울였는데도, 실패만이 기다리고 있었다. 그렇게 몇 번이나 땅을 갈아엎으며 실패를 곱씹어야 했지만, 결국엔 삼채 농사에 성공했다.

그런데 삼채라는 독특한 아이템을 개발했다고 성공하는 건 아니다. 아무도 삼채만의 매력을 몰라 판매하기 어려운 채소였기 때문이다. 그 역시 처음엔 농사만 잘 지으면 알아서 팔릴 거라고 생각했다고 한다. 하지만 어느 누구도 관심을 가지지 않자 기껏 수확한 삼채를 버릴 수밖에 없었다.

언젠가는 삼채만의 독특한 새로움에 사람들이 매료되겠지만, 그때까지 이렇게 수확한 삼채를 버리며 오랜 세월을 기다려야만 한다. 이에 그는 독특함을 성공으로 이어줄 탄탄대로를 직접 만들기로 결심한다. 인지도 확대와 유통망 개척에 나선 것이다.

물론 직거래 판매처를 뚫는 일은 쉽지 않았다. 백방으로 노력해도 돌아오는 건 거절뿐이었다. 그러다 대기업이 운영하는 한식 뷔페에 처음으로 납품하면서 숨통이 트이기 시작했다. 이후 농협, 이마트 등 유통업체에도 들어감으로써 이제는 삼채를 소비자들에게 당당히 선보일 수 있게 되었다. 또한 블로그를 개설해 삼채를 알리고 삼채를 적용한 레시피를 소개하는 등 삼채 인지도 제고에 주력하고 있다.

결국 삼채총각 김선영에게 탄탄대로는 높은 삼채 인지도인 셈이다. 삼채가 널리 알려져 있다면 성공은 따논 당상일 것이다. 그런 점에서 그는 연간 10억 원의 매출을 올리는 삼채나라의 대표로 있긴 하지만, 아직 진정한 탄탄대로를 만나지 못했는지 모른다. 대부분의 사람들은 아직 삼채라는 채소를 잘 알지 못한다. 《삼채총각 이야기》라는 책을 출간한 것도 탄탄대로를 만들려는 시도가 아닐까? 그의 노력이 결실을 맺기를 바라본다.

대놓고 B급 가수라 말하는 싸이

'오빤 강남스타일'

2012년 발표한 싸이의 〈강남스타일〉이 세계를 강타했다. 중독성 있는 반복적인 리듬, 열정적인 말춤, 엽기적인 코믹함을 담은 뮤직비디오가 유튜브 조회수 30억 뷰를 돌파하는 등 대성공을 거뒀다. 2012년 12월 미국 MTV는 싸이의 〈강남스타일〉 열풍을 올해의 가장 행복했던 순간 중 하나로 선정하기도 했다.

세계적으로 무명이었던 한국의 B급 가수 싸이가 성공을 거둔 요인은 무엇일까? 가수로서의 역량이 남들보다 뛰어났기 때문일까? 냉정하게 말해 싸이는 가수로서의 역량이 그리 높은 편이 아니다. 이승철이나 김범수, 하현우처럼 노래를 잘하지도, 비나 세븐처럼 춤 실력이 뛰어나지도 못하다. 목소리도 그다지 매력적이지 않다. 얼굴이나 몸매 역시 마찬가지다. 어느 것 하나 남보다 잘난 게 없다. 〈강남스타일〉 이전에는 세계적으로 싸이의 이름이 알려지지도 않았다. 글로벌 마케팅 역시 뒷받침되지 않았다. 그저 유튜브에 뮤직비디오를 올린 게 전부였다.

'남보다 잘해야 성공한다'는데 싸이의 성공에는 남보다 잘하는 구석이 없다. 그럼에도 세계적으로 싸이가 대성공을 거둘 수 있었던 데는 그 어디에서도 볼 수 없던 독특한 노래와 춤이 있었다. 엽기적으로 보일 만큼 톡톡 튀는 새로움이 세계인들의 관심을 사로잡은 것이다. 경쟁력을 갖췄기에 성공했다는 식의 말장난은 하지 말자. 경쟁할 상대도 없는데 굳이 경쟁력을 말해야 할까? 경쟁이고 뭐고, 싸이의 〈강남스타일〉은 그냥 싸이의 〈강남스타일〉일 뿐이다.

결국 싸이 역시 경쟁력이 아니라 독특함으로 성공을 거머쥐었다. 그런데 싸이의 독특함은 자신의 음악만큼은 고집스럽게 유지하는 그만의 열정이 있었기에 가능했다. 대놓고 자신을 B급 가수라 칭하며, 누가 뭐라 해도 고급과 비속을 넘나드는 그의 음악을 우직하게 밀고 나갔기에 지금의 〈강남스타일〉이 탄생할 수 있었다. 물론 유튜브라는 탄탄대로가 없었다면, 독특함이 성공으로 이어지지 못했을 건 분명하다.

지금까지 사회 각 분야에서 경쟁하지 않는 길을 걸어가 성공을 거머쥔 사람들을 살펴보았다. 반려견 훈련사에서부터 만화가, 강사, 바리스타, 요리사, 게이머, 농사꾼, 가수에 이르기까지 그 범위는 넓고 다양하다. 그럼에도 그들의 성공은 순서의 차이는 있을지언정 비슷한 과정을 밟아갔다. 열정을 쏟을 일을 찾고, 그 속에서 자신만의 독특함을 구축했으며, 성공으로 가는 탄탄대로의 뒷받침이 있었다는 점이다.

당신도 경쟁하지 않는 자기만의 길을 찾고 싶다면, 그 길에서 성공을 수확하고 싶다면 그들처럼 삼박자가 필요하다. 그렇다고 강형욱이나 윤태호, 싸이처럼 되려고는 하지 말자. 그들은 그들이고, 당신은 당신이다. 그 누구도 당신의 길을 알려줄 수는 없다. 이래라저래라 하는 조언은 집어 던지고, 스스로에게 물어보자. 열정을 쏟을 자기만의 길을.

5장

경쟁하지 않을
용기

바람에게도 길은 있다. 비로소 나는 나의 길을 가느니,
길은 언제나 어디에나 있다.
_ 시인 천상병

{ '남보다 잘해야 성공한다'는 헛소리를 무시하자 }

　거대한 코끼리를 길들이는 방법은 의외로 간단하다. 코끼리 한쪽 다리를 쇠사슬로 말뚝에 묶어 놓기만 하면 된다. 힘센 코끼리가 마음만 먹으면 말뚝을 뽑아 도망갈 수 있을 텐데 그러지 않는 이유는 뭘까? 바로 어릴 적부터 학습된 순응 습관 때문이다.

　새끼 코끼리일 때 말뚝에 맨 줄을 발목에 묶어 도망가지 못하게 한다. 힘이 약한 새끼 코끼리는 아무리 애를 써도 말뚝을 뽑거나 줄을 끊지 못한다. 결국 계속되는 좌절에 말뚝을 뽑을 생각을 포기하고 만다. 그런데 이 좌절의 학습 효과는 새끼 코끼리가 어른 코끼리로 성장한 상황에도 유지된다. 즉, 어른이 된 코끼리는 충분히 말뚝을 뽑을 수 있음에도 절대로 할 수 없다는 생각에 조그마한 말뚝에서 벗어나지 못한다고 한다.

세상이 강요하는 관념의 무게

지금까지 경쟁하지 않는 성공의 길을 가는 방법과 사례들을 살펴보았다. 그런데 가야 할 길을 알았다 해도 막상 걸음이 떼어지지 않는다. 누가 뭐라 해도 경쟁하는 길에서 벗어나면 성공과 멀어질 것만 같아 불안하다. 코끼리처럼 마음만 먹으면 생각의 굴레를 끊고 자유로운 나만의 길을 갈 수 있을 텐데, 그게 마음먹은 대로 되지 않는다.

일체유심조一切唯心造, 모든 것은 오직 마음이 지어낸다는 뜻으로 모든 일이 마음먹기에 달려 있다는 의미다. 사실 마음대로 한다는 말이 있긴 하지만, 자기 마음만큼 마음대로 할 수 없는 것도 없다. 진정한 자기 생각이 아닌 외부에서 주입된 내용을 마치 자기의 마음인 양 여기기도 한다. 이래저래 자신의 진실된 마음에 따라 살지 못하는 불쌍한 중생인 셈이다. 불가에서 그토록 진짜 자기 마음을 강조하는 이유도 여기에 있는지 모른다.

부처가 아닌 이상 대부분의 사람들은 세상이 강요하는 관념에 휘둘리기 마련이다. 조그마한 말뚝에 매어 있는 코끼리의 마음처럼 그 덫에서 좀처럼 벗어나지 못한다. 자유롭게 살고 싶은 마음은 누구에게나 똑같을 것이다. 《미움받을 용기》가 베스트셀러에 오르며 알프레드 아들러Alfred Adler의 심리학이 화제가 된 것 역시 자기만의 길을 가는 자유를 찾고자 하는 열망의 표현이리라.

사회적 동물인 인간은 다른 사람들의 견해와 반하기보다 함께하려는 심리적 속성도 지니고 있다. 미국의 사회 심리학자인 솔로몬 애쉬Solomon Asch의 동조 실험을 살펴보자. 그는 표준이 되는 선과 동일한 길이의 선을 주어진 3개의 보기 중에서 고르는 실험을 진행했다. 선의 길이 차이가 뚜렷해 오답률이 1%도 되지 않는 아주 쉬운 문제였다.

그런데 이 실험의 진짜 핵심은 피실험자의 앞에 참가한 여섯 명이 모두 가짜 참가자로, 일부러 오답을 말하는 데 있었다. 답이 B인데도, 모두가 C라고 대답하는 식이었다. 다른 참가자의 대답이 C라는 걸 알게 된 마지막 피실험자가 자신의 판단을 믿고 정답을 말할 확률은 얼마나 될까? 실험 결과 불과 24%만이 정답을 말했다고 한다. 이처럼 다수가 그렇다고 하면 자기도 그 뜻에 따라 수긍하는 현상을 애쉬 효과라 부른다.

세상이 강요하는 관념에서 벗어나기란 참으로 어려운 일이다. 우리는 대개 스스로의 가치에 기대어 판단하지 않고, 그냥 주변에서 권장하는 것들을 수용한다. "사람들은 스스로 판단하기보다는 다른 사람의 말을 믿고 싶어 한다."는 로마 철학자 세네카Seneca의 말처럼 홀로 결정하는 위험보다는 다수가 함께하는 실패를 더 안전하게 느낀다.

모두가 경쟁에서 이기려고 앞으로 뛰어가는데, 당신만 반대 방향으로 걸어갈 수 있을까? 자기만의 길을 가야 된다고 다짐하면서도, 인서울 못 가면 내 인생도 끝이고 대기업 못 들어가면 성공은 물 건너갔다는 생각이 가시지 않는다. 뒤쳐진다는 두려움과 불안이 경쟁의 성패를 생사의 갈림길로 착각하게 만든다. 그러다 잘못된 길로 빠져들게 된다. 아인슈타인도 이렇게 말했다. "물고기를 나무타기 실력으로 평가한다면, 물고기는 평생 자신이 형편없다고 믿으며 살아갈 것이다." 오로지 한 가지 방식으로만 줄 서야 할 이유는 없다.

아프리카 산양 스프링복이 벌이는 죽음의 행진처럼 모두가 가는 길이 옳지 않다면, 당당하게 No를 외칠 줄 알아야 한다. 스티브 잡스도 이렇게 말했다. "다른 사람들의 생각에 얽매이지 마라. 타인의 소리가 내면의 진정한 소리를 방해하지 못하게 하라. 가장 중요한 것은 심장과 직관이 이끄는 대로 살아갈 용기를 가지는 것이다." 워런 버핏도 잡스에 동의한다. "용기 있는 사람만이 자신이 좋아하는 일에 일생을 바칠 수 있다."

자신을 목적으로 대하자

그럼 어떻게 해야 경쟁하지 않을 용기를 얻을 수 있을까? 그 첫 단추는 바로 현재의 자신을 있는 그대로 인정하는 데 있다. 누구나 그러하듯이 당신도 세파에 흔들리는 불완전한 사람일 수밖에 없음을 받아들여야 한다. '모리타 치료법'의 창시자인 일본 정신의학 전문의 쇼마 모리타森田正馬는 "당신이 될 수 있는 가장 불완전한 사람이 되라."고 말했다. 완전해지고 싶은 이들에게 가장 불완전한 사람이 되라니? 그렇게 조언하는 이유는 늘 잘해야 한다는 감정이 당신을 망치고 있기 때문이다. 두려움과 불안은 극복 대상이 아니라 있는 그대로 인정하고 받아들여야 할 감정이라는 의미이기도 하다.

그렇다면 자신을 제대로 알아야 인정할 수 있을 텐데, 과연 자신을 진정으로 아는 사람이 얼마나 될까? '나'라고 하면 정형화된 인격체를 떠올리지만, 실상 일관된 자아는 어디에도 없다. 지금의 나 역시 과거 사진 속의 나와는 다르다. 온갖 욕망들 사이에서 이리저리 흔들리며 살아온 결과가 지금의 나다. 위인들의 자서전 속에 담긴 인물도 환상에 불과하다. 그들 역시 세상 속에서 흔들리며 살았다. '나는 왜 그들과 달리 나약한 존재일까' 자책할 필요는 없다. 인간은 모두 흔들리는 갈대일 뿐이다.

용기란 두려움을 없애는 게 아니라, 두려움을 안고서 앞으로 나아가는 것이다. 처음 시작하는 길은 누구든 불안과 두려움을 느낀다. 아무리 하고 싶은 도전이라도 미래에 대한 불안감을 온전히 지우지는 못한다. 조금 가다 장애물을 만나면 안절부절하기도 한다. 진정한 해답을 찾지 못해 갈팡질팡한다고 자신을 책망하지 말자. 모든 해답을 알고 있어야 한다는 생각 자체가 문제다.

자기만의 길을 처음부터 확실하게 인지하고 어떤 어려움에도 굳건히 가는 사람은 어디에도 없다. 우연히 들어갔다 점점 굳어져 자신의 길이 되기도 하고, 살다 보니 그렇게 흘러가기도 한다. 그 길로 가리라 확실하게 마음 먹었어도, 돌부리에 걸려 넘어지기도 하고, 작은 바람에 흔들리기도 한다. 그럼에도 후회하지 않을 것을 알기에, 가치 있는 일이라 여기기에 그 길을 묵묵히 걸어간다. 리처드 브랜슨도 "나를 성공으로 인도한 건 스스로에 대한 믿음이었다."라고 말했다.

독일의 위대한 철학자 임마뉴엘 칸트Immanuel Kant는 이렇게 말했다. "사람을 수단이 아니라 목적으로 대해야 한다." 인간은 그 자체로 절대적 가치를 지니기에 그 어떤 상황에서도 목적으로 대해야 한다. 이는 자신에게도 고스란히 적용된다. 자신을 절대적 가치를 지닌 존재로 보고 스스로에게도 목적으로 대할 줄 알아야 한다. 석가모니도 천상천하天上天下 유아독존唯我獨尊을 외쳤다고 하는데, 이는 비단 석가모니에게만 해당되는 건 아니다. 모든 사람은 누구나 독존적인 존재다. 공부를 못한다고 해서, 학벌이 좋지 않다고 해서, 변변한 직업이 없다고 해서 그 사람의 가치가 떨어지는 게 아니다. 밤 하늘에 빛나는 수많은 별들이 각자 저마다의 빛을 내며 반짝이고 있듯이, 당신은 그 존재만으로도 존귀하다.

쓸모라는 말을 들으면 무엇이 떠오를까? '그 정도밖에 못하는 넌 쓸모가 없어'라는 말처럼 가슴을 후벼 파는 말은 없으리라. 모든 걸 쓸모에 맞춰 바라보는 세상에선 사람도 수단으로 여길 뿐이다. 하지만 쓸모없는 생은 어디에도 없다.

아무리 해도 채워지지 않는 헛헛함이 당신 곁을 떠나지 않는 것도 그 때문이다. 다른 누군가에게 쓸모 있는 사람이 되기 위해 거짓된 길을 걸어가며 참된 인생길에서 밀려난 소외감이 만든 헛헛함이기 때문이다. 살아가는 삶이 아닌 살려지는 삶이 만든 헛헛함이기 때문이다.

주변에 휘둘려 끌려가는 건 스스로를 돈벌이의 수단으로 이용하는 게 아닐까? 자신을 쓸모의 수단으로 보지 않고 진정 목적으로 대한다면 자신만의 참된 길을 찾아가야 하지 않을까? 진정 스스로를 위한다면 자신이 가고자 하는 길을 진심으로 응원할 줄 알아야 한다. 내 안의 용기가 슬며시 나올 수 있게.

그런 점에서 미움받을 용기도 낼 필요가 있다. 부모님이나 선생님, 어른들의 말을 따르지 않고 자기 고집대로 가다 보면 부딪힐 수밖에 없다. 어차피 대신 살아줄 것도 아닌데, 굳이 주위 사람들의 뜻에 따라야만 할까? 스트레스 받으며 계속 순응하기보다는 욕 한번 먹고 홀가분하게 사는 게 낫다. 모름지기 거부할 줄 알아야 진정 자유로울 수 있다.

꿈이 간절할수록 용기 역시 커지기 마련이다. 자기만의 길이 가치를 품을 때 꿈은 현실이 된다. 가끔씩 세상이 흔들더라도 이내 다시 제자리로 돌아올 수 있다.

흔들린다는 건 올바른 길을 찾으려는 노력의 증표다. 흔들린다는 건 당신의 미래가 나아질 수 있음을 보여주는 신호다. 흔들린다는 건 당신이 제대로 살아가고 있다는 증거다. 그래도 두려움이 앞선다면 숨 한번 고르고 가볍게 첫발을 내딛자. 스스로를 믿고 한 발짝만 앞으로 나아가 보는 거다. 두려움의 대부분은 모른다는 불안에서 나온다. 막상 첫걸음을 내딛고 나면, 정말 별 것 아니었음을 알기도 한다.

새장 속의 새는 스스로 먹거리를 구하지 못한다. 궂은 날씨에 오들오들 떨고, 천적의 공격도 피하며 스스로 헤쳐 나가는 과정을 거친 후에야 맘껏 자신의 날개를 펼칠 수 있다. 별다른 어려움 없이 살아온 사람보다 우여곡절이 많은 사람이 장애에 부딪혔을 때 현명하게 대처할 수 있는 것도 '맷집'이 생겼기 때문이다. 회복 탄력성은 저절로 생기지 않는다. 생채기가 아물어 새살이 돋아야 더 단단해지는 법이다. 그래도 시작하기 어렵다면 마음속에 자그마한 불씨 한 조각만이라도 잘 간직하길 바란다. 언젠가는 그 불씨가 활활 타오르는 열정의 불꽃이 될 수 있으니까.

결과를 받아들일 마음가짐도 중요하다

자기만의 길을 가는 게 가치 있다고 여기면서도 사람인 이상 한편으론 결과에 신경을 쓰지 않을 수 없다. 그런데 경쟁하지 않는 길이 오히려 성공할 확률이 높다면 얘기가 달라진다. 앞서 말했듯이 이제 경쟁 승리를 목표로 해선 성공할 확률이 매우 낮다. 경쟁하지 않는 길을 가는 이들이 승승장구하는 모습들을 여기저기에서 쉽게 볼 수 있지 않은가? 그럼에도 경쟁의 길을 가겠다고 고집한다면, 그것 역시 당신의 뜻이다.

물론 경쟁하지 않는 길이 모두 성공하는 건 아니다. 자신의 뜻대로만 된다면 얼마나 좋을까? 자기만의 길이 어떤 결과로 이어질지는 그 누구도 모른다. 철모르던 시절엔 자신의 능력과 노력이 반드시 결과로 이어질 거라 철석같이 믿는다. 하지만 세상을 살아가며 하늘의 뜻이 따로 있음을 어렴풋이 알게 된다. 로마 철학자 세네카도 "삶을 배우려면 한평생이 걸린다."고 했다. 삼성그룹의 창업자 이병철 회장이 운명을 그토록 강조했던 것도 그 때문이다.

진인사대천명盡人事待天命, 성패가 하늘의 뜻에 달려 있다면 남는 건 과정 밖에 없다. 그렇다면 자기만의 길을 당당하게 가는 게 현명하지 않을까? 설사 실패로 귀결된다 해도 진정으로 원하는 길을 걸어갔다면, 그것만으로도 족하다. 후회 없는 삶을 살았기 때문이다.

로마 스토아 철학의 대표 철학자인 에픽테토스Epiktetos는 인생을 한 편의 연극에 비유했다. 즉, 사람은 인생이라는 연극 속의 배우일 뿐이라는 거다. 절름발이 배역을 맡았다며 절규하고 화낸다고 바뀔 건 없다. 오히려 자신에게 주어진 역할을 충실히 수행함으로써 훌륭한 연극 배우로 자리매김할 수 있다.

그는 삶의 행복도 이런 관점에서 설명한다. 먼저 세상의 일을 자신의 뜻대로 할 수 있는 일과 아무리 노력해도 할 수 없는 일로 나눴다. 그런데 자신이 어찌할 수 없는 일을 할 수 있다고 착각함으로써 불행이 찾아온다는 것이다. 자신이 어찌할 수 없는 일과 할 수 있는 일을 잘 분별하는 것이야말로 진정한 행복을 얻는 길이라고 주장했다.

이런 그의 주장은 이후 기독교 사상에도 상당한 영향을 미쳤다. 단적으로 13세기 성 프란체스코 St. Francesco 기도문에 담긴 글은 2세기 로마 시대의 에픽테토스를 떠올리게 한다.

"제가 할 수 있는 일에는 최선을 다하게 해 주시고, 할 수 없는 일은 포기할 줄 아는 용기를 주시며, 이 둘을 구별할 수 있는 지혜를 주소서."

이제 시대는 경쟁하지 않는 길에 성공을 놓아두고 있긴 하지만, 성패는 당신이 어찌할 수 없는 영역이다. 결과에 연연한다고 달라지는 것도 아니다. 당신 앞에 놓인 길을 최선을 다해 걸어가면 그뿐이다. 결과는 하늘에 맡겨놓고 자기만의 길을 걸어가도록 하자. 그것만으로도 충분히 행복하다.

그럼에도 경쟁하지 않는 길이 경쟁하는 길보다 성공할 확률이 높다는 사실은 변하지 않는다. '어떻게 해야 남보다 잘할 수 있을까?'라는 잘못된 질문에 해답을 얻으려 인생을 낭비하지 말자. 남과 비교하면 남과 비슷한 사람밖에 되지 않는다. 아니, 오히려 자신의 장점을 살리지 못한 채 비루먹은 인간이 될 가능성이 높다. 독일의 철학자 쇼펜하우어 A. Schopenhauer 도 이렇게 말했다. "인간은 다른 사람처럼 되고자 할 때 자기 잠재력의 4분의 3을 상실한다."

한때 경영 기법으로 각광받던 벤치마킹 역시 이젠 낡은 유물이 된 지 오래다. 애플이 한때 핸드폰 시장의 리더였던 노키아를 벤치마킹하려 했다면 지금의 애플은 없을 것이다. 작곡가가 되고 싶다면 베토벤이나 모차르트가 되려 하지 말고, 자기만의 음악을 만들 줄 알아야 한다. 싸이가 성공했다고 싸이 같은 가수가 되려 한다면 성공은 이미 물 건너 갔다.

남보다 못났다고, 성적이 형편없다고, 대학이 지잡대라고, 취직하지 못하는 백수라고 절망할 필요는 없다. 지식이 없어도 웃기는 재주만 있다면 개그맨으로 성공할 수 있으니까. 게으르면 어때? 누워서 방송하는 '눕방'도 성공하는 시대다.

《노인과 바다》로 유명한 세계적인 작가 어니스트 헤밍웨이Ernest Hemingway도 문법상의 실수를 많이 저질렀다고 한다. 심지어 일반인도 틀리지 않는 쉬운 단어의 철자를 잘못 쓰는 경우도 많았다. 그럼에도 '작가가 뭐 이래?'라며 얕보지 않는다. 그를 세계적인 작가 반열에 올려놓는 이유는 어디에서도 볼 수 없었던 그만의 글을 썼기 때문이다.

세상에 휘둘리지 말아야 한다. 세상이 바뀌어야 가능하다고 생각한다면, 당신 자신부터 바꾸도록 노력해보자. 당신부터 변화해야 세상도 바꿀 수 있지 않을까? 그러려면 먼저 세상에 가득 찬 헛소리에서 벗어나야 한다. 성공한 사람의 길을 따라가면 성공할 수 있으리라는 망상을 버리고, 경쟁하지 않는 자기만의 길을 찾자. 그렇게 당신이 당신 자신이 될 때에야 비로소 당신의 인생은 바뀐다.

당신은 모두가 타고 가는 기차에서 뛰어내릴 준비가 되어 있는가?

경쟁하지 않는 길은
현명한 포기를 원한다

　미국의 제16대 대통령 에이브러햄 링컨Abraham Lincoln은 세계인들로부터 존경하는 리더 1위에 오르내리는 인물이다. 남북전쟁을 승리로 이끌고 노예제를 폐지시킨 업적 때문이기도 하지만, 가난한 구두 수선공의 아들로 태어나 27번이나 공식적으로 실패했음에도 끝내 성공했다는 것도 한몫 했다.

　잇따른 실패에도 끝까지 포기하지 않고 도전하는 불굴의 정신을 기려 링컨을 칭송한다. 그런데 이 27번의 실패에는 종류가 다른 두 가지가 섞여 있다. 20대 때 두 번이나 사업을 벌였다가 빚만 지고 실패한 경험과 이후 정치인으로 여러 선거에서 잇따라 낙선한 경험이 그것이다. 만약 링컨이 초기의 사업 실패에도 불구하고 끝까지 그 일에만 도전했다면 어떻게 되었을까? 아마 우리가 알고 있는 위인은 존재하지 않을지도 모른다.

모두들 성공은 인내심의 결과라며, 성공하려면 무모하다 싶을 정도로 포기하지 않고 도전해야 한다고 말한다. 이렇듯 인내심에 대한 찬사만 계속되다 보니, 그 가치가 너무 과장되었다는 느낌을 지울 수 없다. 희망이 없는 일은 과감하게 포기하고 가능성 있는 일에 도전하는 것이 진정 현명한 길이 아닐까?

포기할 줄 알아야 성공할 수 있다

건축을 시로 승화시킨 누드 건축의 대가 안도 타다오는 익숙한 삶을 과감하게 포기하고 새로운 길에 도전했다. 공업고등학교 기계과 졸업이 최종 학력인 그는 싸우면서도 돈 벌 수 있다는 말에 프로 권투 선수의 길에 들어섰다. 23전 13승 3패 7무라는 그저 그런 성적에 막연히 자신의 길이 아님을 고민하던 그에게 건축과의 우연한 만남이 찾아왔다. 책방에 들렀다가 스위스 건축가 르 코르뷔지에Le Corbusier의 작품집을 보게 된 것이다. 그길로 그는 프로 권투 선수 생활을 접고 건축가가 되기로 결심했다.

하지만 대학 갈 수준도, 형편도 되지 않았기에 그는 오로지 독학으로 건축을 배워나갔다. 유명 건축물이 있는 곳은 어디든지 찾아가 직접 보며 견문을 넓혔다. 그 결과 기성 건축가들과는 전혀 다른 안도 타다오만의 건축물이 탄생했다. 물과 빛, 노출 콘크리트를 활용한 창의적인 건축물들이 바로 그것이다. 세계 건축계가 변변한 학벌 하나 없는 안도 타다오의 건축에 열광했음은 물론이다. 1995년 건축계의 노벨상이라 불리는 프리츠커상을 받는 등 다수의 상을 수상하고, 하버드대학교를 비롯한 여러 대학교의 객원 교수가 되었다고 한다.

링컨처럼 앞선 길이 실패했기에 포기하는 것만은 아니다. 성공으로 가고 있는데도 꿈을 찾아 과감하게 포기하고 새로운 길을 가는 이도 있다. 매년 노벨상 후보로 거론되는 일본의 대표 소설가 무라카미 하루키가 대표적이다. 와세다대학교 문학부 연극과에 입학해 드라마를 공부했던 그는 대학 졸업 후 '피터 캣'이라는 재즈바를 8년 동안 운영했다. 처음엔 운영하기조차 힘들었지만 열심히 노력한 덕에 차츰 안정되었고, 돈도 벌기 시작했다. 그런데 그때 그는 모두가 만류하는데도 소설가로서의 길을 떠나기로 마음먹었다.

첫 작품 발표 이후 한동안 고전하던 그는 상실의 아픔을 겪는 모든 청춘을 위한 장편 소설 《상실의 시대》가 대성공을 거두며 세계적인 작가 반열에 우뚝 올라서게 된다. 그런데 발표 당시 당대 문학 거장들은 '외국 번역서를 많이 읽고 쓴 버터 냄새 풍기는 책'이라고 악평했다고 한다. 서태지와 아이들이 '난 알아요'로 데뷔할 때 유명 작사·작곡가, 평론가들이 혹평했던 것이 떠오른다. 기존의 익숙함에 젖어 있는 이들에게 새로움은 언제나 낯설고 불편하기 마련이다. 하루키만의 색채 역시 그러했다. 하지만 대중은 열광했다. '하루키 문체'로 불릴 만큼 하루키 특유의 도시적 감수성이 사람의 마음을 사로잡아 일본과 한국을 중심으로 하루키 신드롬이 불기까지 했다.

포기해야 할 때 포기할 줄 아는 게 진정한 용기다. 영국의 철학자 줄리언 바지니Julian Baggini도 "언제 포기해야 할지 모르는 게 의지박약이다."라고 말했다. 이 길이 아닌 것 같긴 하지만 저 길도 그리 확신이 들지 않으니, 이러지도 저러지도 못한 채 그냥 현상만 유지하는 걸 꼬집는 말이다. 선택하는 과정은 용기를 필요로 한다. 특히 모두가 한 방향으로 나아갈 때 홀로 다른 방향으로 가려면 더욱 그러하다.

그런 얘기를 들어도 무엇을 선택해야 할지 난감한 게 우리네 삶이다. 짬뽕과 짜장면 중에서 뭘 먹을지 고르는 것도 고민되는데, 하물며 자신의 인생이 걸린 선택의 무게는 말할 필요도 없다. 먹거리야 이번에 실패하면 다음에 다른 메뉴를 택하면 되지만 자기만의 길은 둘 다 갈 수가 없다. 선택의 압박감이 더욱더 온몸을 짓누른다.

'두 개의 화살을 갖지 마라'는 교토 상인들의 계명처럼 성공하려면 오로지 한 길로 나아가야만 하는데, 이것저것에 흔들리는 당신이 한심하게 느껴질지 모른다. 프랑스 실존주의 철학자 장 폴 사르트르Jean Paul Sartre가 말한 것처럼 인생은 B birth와 D death 사이의 C choice이다. 자신의 인생이 걸린 결정이기에 신중할 수밖에 없다. 그렇다고 아닌 것 같은데 그냥 하던 대로 살아가는 길은 자신에게 미안한 마음이 든다. 길고 긴 인생에 잠시 쉬어갈 시간을 내어 고민해보자. 지금의 길을 계속 가더라도 왜 가야 하는지 명확히 알고 난 후 당당하게 선택한 길이어야 한다.

그렇다면 지금 하고 있는 일을 포기하는 게 맞는지 아니면 끈기 있게 계속해야 하는지, 어떤 새로운 길을 선택해야 할지 갈림길에 서 있다면 어떤 선택을 해야 할까?

현명하게 포기하는 법

당신의 꿈은 무엇인가? 이에 대답 대신 코웃음을 친다면, 꿈이라는 말이 비현실적으로 느껴진다면, 아직도 세상 물정 모르고 철없이 꿈 타령이나 한다고 여긴다면, 당신이야말로 현실을 위해 꿈을 포기한 사람이다.

어렸을 때 당신은 많은 꿈을 꾸었을 것이다. 영화를 보며 경찰관이 되려고, 수업을 들으며 선생님이 되려고, 아픈 곳을 치료하는 의사가 되려고 했을 것이다. 만화나 게임이 좋아 만화가, 게이머가 되려고도 했을 것이다.

그런데 그 꿈들이 기억 저 너머에 있는 건 포기하는 순간이 찾아왔기 때문이다. 어릴 적 곧잘 하던 거였지만, 어른들의 한마디에 움츠러들 수밖에 없다. "그건 취미로만 하고, 공부 열심히 해야 해. 그래야 더운 날 더운 곳에서 일하지 않고, 추운 날 추운 곳에서 일하지 않지." 그렇게 접은 꿈은 아련히 사라지지만, 장마에 버섯이 솟아 오르듯이 가끔씩 튀어나와 가슴을 후벼 파기도 한다.

꿈을 포기하는 게 올바른 길일까? 꿈을 위해 현실을 포기하는 게 올바른 길일까? 그에 대한 대답은 당신만이 내릴 수 있지만, 미친 척 꿈을 향해 나아가길 권하고 싶다.

그런데 강형욱이나 윤태호처럼 꿈이 확고하지 않다면 어떻게 해야 할까? 자신의 꿈이 정말 인생을 걸 만큼 이루고 싶은 것인지 명확하지도 않은데 섣불리 행동에 나서기 두렵다. 사실 우리는 너무 비현실적인 이상에 쫓기는 경향이 있다. 처음부터 한 가지에 꽂혀 매진하는 사람이 얼마나 될까? 주위를 둘러보면 항상 고민을 안고 불안에 떨며 미래를 향해 한 걸음씩 내딛는 사람들이 대부분이다. 오로지 하나에 집중해 성공했다는 성공담들도 결과론적으로 말할 뿐이다.

그런데도 한 길에 집중해야 한다는 집착은 자신의 선택에 완벽을 기하려는 방향으로 이어진다. 오로지 하나를 선택해 일생을 걸어야 한다면 그 선택의 무거움은 어마어마하다. 모두가 타고 가는 기차에서 홀로 뛰어내린다는 건 결코 쉬운 일이 아니다. 완벽한 선택이란 불가능에 가까운 데도 완벽을 추구한다면 한 발짝도 앞으로 나아가지 못한다.

그렇다면 단계적으로 접근함으로써 포기하는 게 현명하다. 현실과 이상을 모두 좇아 한 걸음 두 걸음 앞으로 나아가다 보면 언젠가 포기할 수 있는 확신이 들 때가 찾아온다. 기존의 관습을 무시하고 나이브 아트라는 새로운 지평을 연 프랑스 화가 앙리 루소를 만나보자. 미술에 대한 어떤 교육도 받은 적 없던 아마추어 화가였음에도 그 어디에서도 볼 수 없던 독창적인 그림으로 피카소로부터 찬사를 받은 그는 49세가 될 때까지 세관원으로 근무하며 주말에만 그림을 그려 '일요화가'라 불렸다고 한다. 화가로서의 꿈과 세관원이라는 현실을 양손에 쥔 채 걸어간 셈이다. 물론 50대 이후엔 오로지 화가로서의 삶에 집중하긴 했지만, 그때까지 어느 하나 포기하지 못한 것은 분명하다.

그렇다고 앙리 루소를 비난할 수 있을까? 밥벌이의 고단함은 예나 지금이나 마찬가지다. 정말 하고 싶은 일이 당신의 가슴을 울린다면 자신의 형편에 맞게 그 꿈을 펼쳐나갈 길을 고민해야 하지 않을까? 앙리 루소는 주변의 조롱에도 불구하고 자신만의 길을 걸어가 꿈을 이뤘다. 그렇지 않았다면 오늘날 그의 멋진 작품 세계를 만나보지 못했을 것이다. 사람에게는 누구나 자기만의 길이 있다. 그 길을 어떻게 가느냐는 오로지 자신의 뜻이며, 그 누구도 자기만의 길을 가는 이를 비난할 수 없다. 자신의 인생을 걸고 스스로가 선택한 자기만의 길이기에.

진정 원하는 길이 경쟁 승리라면 그 길로 가도 좋다. 그게 당신의 삶이다. 실패해도 후회하지 않을 자신이 있다면 포기하지 않고 꾸준히 노력하는 게 현명하다. 당신이 진정 원하는 길을 선택했다면 적극 찬성이다.

물론 진정 원하는 길이 경쟁 승리일 가능성은 그리 높지 않다. 정의를 수호하는 판검사가 되고 싶은 고등학생이 법대 입학을 위해 다른 학생들과의 수능 경쟁에서 이겨야 한다고 생각해보자. 그 학생이 진정 원하는 길은 판검사의 길이지, 다른 학생과의 경쟁에서 승리하는 게 아니다. 경쟁 승리는 수단일 뿐 목표가 될 수는 없다. 그럼에도 경쟁 승리를 목표로 삼은 학생은 다른 친구들을 밟고 가야 한다는 현실에 의욕과 열정이 식을지 모른다. 그런 오류에서 벗어나려면 진정 원하는 길이 무엇인지 제대로 바라볼 줄 알아야 한다.

한창 공부하기 바쁜 고등학생 큰 딸은 정신과 의사가 꿈이다. 그런데 친구들과의 성적 경쟁에서 승리해야만 의사가 될 수 있는 현실에 비관하기도 한다. 그런 딸에게 아빠로서 이런 말을 전했다.

"정신적으로 힘들어하는 사람들을 도와주고 싶다는 네 꿈을 소중히 여겼으면 좋겠어. 네 꿈이 간절할수록 어려움을 이겨내는 용기도 커지는 법이니까. 넌 지금 경쟁에서 이기기 위해서가 아니라 네 꿈을 이루기 위해 공부하는 거잖아. 그 꿈을 향해 열심히 노력하는 아이이길, 정신으로 힘든 사람들을 도와주면서 사는 사람이 되길 바란다."

길은 하루아침에 만들어지지 않는다

현명한 포기에는 두 가지 요소가 필요하다. 어떤 상황에서도 원하지 않는 길을 포기할 줄 아는 용기와 어떤 상황에서도 원하는 길을 갈 줄 아는 인내심이 그것이다.

자신의 인생을 걸고 투자하고 싶은 꿈을 찾았다면, 이제 그 길에 집중해야 할 차례다. 그런데 그게 현실적으로 그리 쉬운 일이 아니다. 자기만의 길을 찾아 기본부터 다지며 자기만의 독특함을 완성하는 과정은 지난할 수밖에 없다. 일정 경지에 오르기 전까진 그 일만으로는 밥 벌어먹기 힘들다. 이런 어려움을 견디지 못한다면 자기만의 길은 그저 환상일 뿐이다.

자신만의 길이라고 언제나 하고 싶은 일만 있는 건 아니다. 때론 하기 싫은 일도 해야 할 때가 많다. 꿈을 찾아가더라도 당장 입에 풀칠하려면, 유학 경비를 마련하려면 어쩔 수 없이 직장을 다니거나 아르바이트를 뛰어야 한다. 대한민국을 대표하는 성악가 조수미도 이렇게 말했다. "아름다운 노래를 하기 위해선 밥도 먹어야 하고, 설거지도 해야 하고, 청소도 해야 한다."

그렇다고 무작정 고단한 세월을 버틸 수만은 없다. 그럴 때 앞으로 나아가게 만드는 원동력이 바로 작지만 의미 있는 성공 Small-Win 이다. 남들이 보기엔 별 것 아니더라도 자신만의 소소한 성취감은 열정이 계속 불타오르게 만드는 땔감이 된다. 소소해보여도 의미 있는 성공은 좋아하는 감정을 더욱 북돋우고, 이는 다시 성취감으로 이어지는 선순환의 시작점이 된다. 뭔가 대단한 게 아니어도 괜찮다. 스스로가 의미 있게 여기며 성취감을 맛볼 수 있으면 그만이다. 자신 있게 보여주지 못할 습작이라도 좋다. 뭐라도 자신만의 결과물을 내놓는 과정을 통해 자존감을 높여줌으로써 자기만의 길을 꿋꿋이 걸어갈 수 있다. 때론 고난과 좌절을 만나더라도 잠깐 맛본 성취감이 다시 일어설 수 있는 힘이 되어주기 때문이다.

모든 일은 복리의 마법처럼 S자로 이루어진다고 했다. 처음엔 아무리 노력하고 투자해도 별 성과를 보이지 않는다. 계속되는 제자리걸음에 좌절하고 아파한다. 하지만 꾸준히 노력하다 보면 어느 순간 성과가 기하급수적으로 상승하기 시작한다. 자기만의 길 역시 마찬가지다. 힘들고 지난한 축적의 시간이 끝나면 어느 순간 꼭대기에 올라선 자신을 볼 수 있다.

그렇게 생각해도 답답하기만 할지 모른다. 누구나 다 아는 뻔한 얘기로 들릴지 모른다. 아니, 뻔한 얘기다. 하지만 어떡하겠는가? 때론 실수하고, 때론 좌절하면서 자기만의 길을 만들어갈 수밖에 없다. 밥 한 그릇 뚝딱 비우게 만드는 묵은지 김치찌개도 오랫동안 숙성의 시간을 보낸 묵은지가 없으면 그 맛이 제대로 살지 않는 법이다. 앞서 성공 사례로 소개된 이들 역시 오랜 세월 묵힌 이후에야 자기만의 길을 갈 수 있었다. 혹여 쉽게 정상에 오른 성공담이 당신을 자극할지 모르지만, 당신에게 오히려 독이 될 뿐이다.

사실 꿈을 향해 나아가는 과정은 그 누구도 예단할 수 없다. 때론 장애물에 걸려 넘어지기도 하고, 직업을 바꿔야 할 때도 있다. 나가사와 요시아키長澤義明는 프로 선수들을 위한 경주용 자전거를 맞춤형으로 제작해주는 자전거 프레임 제작자다. 그의 자전거로 우승한 선수들도 많다 보니, 그 업계에선 단연 알아주는 대가로 자리매김하고 있다. 그런데 그가 처음부터 자전거 프레임 제작자로 나섰던 건 아니다. 올림픽에 출전할 꿈에 부풀었던 자전거 선수였지만, 한 번의 사고가 모든 것을 바꿔놓았다. 결국 자전거를 탈 수 없게 된 그는 자전거 전문가가 되는 방향으로 전환해 성공한 것이다.

음악을 하고 싶다고 반드시 가수가 되어야 하는 건 아니다. 작곡가가 될 수도, 제작자로 변신할 수도 있다. 기타리스트나 드러머, 레슨 프로, 음악 블로거, 음악 전문 기자 등 관련 분야는 의외로 넓다.

2013년 옥스퍼드 마틴 스쿨에서 발표한 〈고용의 미래 : 우리의 직업은 컴퓨터화에 얼마나 민감한가〉에 따르면 자동화와 기술 발전으로 20

년 안에 현 직업의 47%가 사라질 거라고 말했다. 이는 역으로 지금껏 보지 못했던 직업들의 탄생을 예언한다. 그런데도 편협한 시선에만 매어 하나의 직업만 고수해야 할까? 시각을 넓혀 보면 자신의 꿈을 현실화시킬 길은 언제나 있다.

프랑스의 소설가 마르셀 프루스트Marcel Proust 는 이렇게 말했다. "발견을 위한 진정한 항해는 새로운 땅을 찾는 게 아니라 새로운 눈을 갖는 것이다." 자기만의 길을 찾는 항해는 자기만의 새로운 시선이 필요할지 모른다.

사람들은 자신의 길을 가는 이를 응원한다

우리는 스티브 잡스를 세상을 바꾼 위대한 리더라 칭송한다. 하지만 그의 실제 모습은 함께하기 어려운 또라이 그 자체였다. 일방적으로 자기 주장만 펼치고 부하들의 약점을 매몰차게 공격하는 등 다른 사람들을 배려하고 존중하는 태도는 찾아볼 수 없었다. 회의 중 탁자를 치며 폭발하거나, 눈물을 쏟아내는 등 어디로 튈지 모르는 행동도 자주 했다. 필요하다면 그 누구보다 냉정하고 약삭빠르게 행동했으며, 부를 축적하는 데엔 악착같은 태도도 보였다. 한마디로 자기밖에 모르는 이기적인 괴짜이자, 난폭한 폭군이었다.

그런데도 자신들이 최선을 다해 내놓은 결과물을 쓰레기라고 폄하하던 잡스를 많은 부하들이 진심으로 믿고 따랐던 이유는 뭘까? 폭군 밑에서 일하지 않아도 어디에서든 최고의 일자리를 얻을 수 있는 이들이 그의 곁에 계속 머물렀던 이유는 뭘까? 그런 잡스를 위대한 리더라 칭송하는 이유는 뭘까?

스티브 잡스의 성공 비결

앞서 인류의 진화를 이타적 이기주의로 설명한 바 있다. 자기 혼자 살기 위해 다른 사람에게 해를 끼치는 경쟁적 이기주의를 배격하고 공동체 전체에 도움이 되는 행동을 지지하는 이타적 이기주의가 현재의 인류를 만들었다. 그래야만 공동체를 유지할 수 있어 자신에게도 이익이 되기 때문이다.

우리는 공동체 전체에 도움이 된다면 기꺼이 협력하고 지지를 보낸다. 물론 아직도 남을 짓밟고라도 자신의 이익을 챙기려는 경쟁적 이기주의자들도 있고, 자신을 희생해서라도 타인의 이익을 위하는 순수 이타주의자들도 있다. 하지만 대다수는 자신에게 이익이 되기에 공동체와 다른 이들에게 도움을 주려는 사람들이다. 서로에게 피해를 주지 않는 선에서 자기 하고 싶은 데로 살고 싶어 한다. 남들을 짓밟으면서까지 올라서고 싶지는 않아도 남부럽지 않게 떵떵거리며 살고 싶은 게 사람 마음이다.

인간관계가 최악이었던 스티브 잡스의 성공 역시 이타적 이기주의 관점에서 해석할 수 있다. 전혀 착한 사람과는 동떨어진 성품이지만, 그의 길이 공동체 전체를 위하는 길이라는 믿음이 잡스를 믿고 따르게 만들었다. 즉, 괴팍한 폭군을 부하들이 따르고 고객들도 광팬이 된 이유는 바로 스티브 잡스가 세상을 진보시키겠다는 자기만의 길을 우직하게 걸었기 때문이다. 그의 신념이 실제 행동으로 옮겨져 현실화되는 걸 모두가 보았기 때문이다. 그와 함께한다면 세상을 진보시키고 자신들의 이기심도 충족시킬 수 있다고 믿었기 때문이다.

스티브 잡스는 언제나 자기만의 길을 고집했다. 세상을 진보시키는 제품은 그 누구를 따라 해선 나올 수 없음을 알았기 때문이다. 시장 조사를 무시하고 고객의 목소리에 귀 기울이지 않은 것도 그 때문이었다. 세상을 바꾸는 일이라면 그 어떤 것에도 집요할 정도로 집착했다. 6개월 동안 심혈을 기울인 애플 스토어를 개점하기 직전에 제품 진열 중심에서 고객 경험 중심으로 바꿔야 한다는 부하 직원의 제안을 즉시 받아들여 4개월 후에 다시 문을 연 것만 봐도 알 수 있다. 이렇듯 스티브 잡스의 고집과 괴팍한 행동은 모두 잡스만의 길을 가려는 열정으로 비춰졌다.

환상적인 제품을 만들고 사람들이 이를 사용함으로써 더 나은 세상을 만들겠다는 잡스의 거대한 비전은 우리의 마음을 움직였다. 그가 향하는 길이 옳다고 생각했기에, 그 길을 따르면 자신의 이기심도 충족될 수 있다고 믿었기에 사람들은 그가 착한 사람이 아니라도 기꺼이 참여하고 열렬히 응원했던 것이다.

이렇듯 우리는 어떤 상황에서도 자기만의 길을 우직하게 고집하는 이에게 뜨거운 지지를 보낸다. 세상과 정반대로 외로이 자기만의 길을 간다는 건 결코 쉬운 일이 아니다. 현실의 벽에 부딪혀 세상에 끌려가는 우리로선 갖은 고난에도 불구하고 자기만의 길을 묵묵히 걸어가는 이들에게 기꺼이 박수를 보낸다. 아무나 갈 수 없는 길을 가는 이에게 보내는 존경의 표현인 셈이다.

또한 그 길이 공동체에도 도움이 된다면 더더욱 응원한다. 자기만의 길을 걸어가는 이들은 아무도 가지 않은 영역을 개척함으로써 세상을 진보시킨다. 보다 나은 세상을 만드는 데 반대할 이는 아무도 없다.

사실 자기만의 길은 남을 짓밟고 빼앗는 길과는 결이 다르다. 자기만의 길이라도 공동체에 해를 끼치는 길이라면 지지를 받을 수 없다. 자기만의 길을 우직하게 가겠다며 조직 폭력배가 되려는 사람을 누가 진심으로 응원할까? 결국 스티브 잡스처럼 모두가 동의할 수 있는 비전을 제시하며 우직하게 자기만의 길을 가야만 주위 사람들의 협력과 지지를 끌어낼 수 있다.

성공하려면 이타적인 사람이 되어야만 한다고?

앞서 사회적 성공의 요소로 인간관계를 말한 바 있다. 그런데 원활한 인간관계라 하면 무엇을 떠올리는가? 배려와 존중, 경청의 힘 등 착한 사람 이미지가 생각난다. 성공하려면 불편하더라도 참으며 착한 사람이 되어야 한다고 여긴다. 앞서 말했듯이 애덤 그랜트도 성공 사다리의 꼭대기는 다른 이들에게 베푸는 기버들이 차지한다며, 베풀 줄 아는 이타적인 사람이 더 크게 성공한다고 주장했다.

그렇다면 성공하기 위해선 무조건 착한 사람이 되어야만 할까? 이런 생각이 착한 사람 콤플렉스를 조장한다. 착한 사람 콤플렉스를 지닌 이들은 자기만의 길을 제대로 가지 못한다. 아니라고 생각하면서도 부모나 타인의 말에 순응하기만 한다. 부당한 요구도 거절하지 못하고 가급적 들어주려고 한다. 힘들고 화나는 일이 있어도 항의 한 번 못한 채 꿋꿋이 버티려고만 한다. 불편하더라도 참으며 착한 사람이 되려고 노력한다.

무조건 착한 사람이 되려고만 한다면 오히려 남들에게 이용만 당하는 바보가 될 가능성이 높다. 착한 사람 콤플렉스는 오히려 성공을 방해하는 요소일 뿐이다. 이제 세상도 자기 목소리를 당당히 낼 수 있는 곳이 되었다. 한평생 자기만의 길은 가보지도 못한 채 다른 사람의 말과 뜻에 따라 조종당하며 살 수는 없다. '우물쭈물하다 내 이럴 줄 알았다'는 묘비명을 새길 순 없으니까.

사람들의 협력과 지지를 끌어내기 위해 반드시 착한 사람이 되고 이타적으로 행동해야 하는 건 아니다. 사람은 누구나 이기적이다. 스스로가 이기적인데, 다른 사람이 이기적이라고 돌을 던질 수 있을까? 남들에게 피해를 끼칠 만큼 악의적인 이기심이 아니라면 역지사지로 이해가 되기 때문이다. 자신의 이기심에 도움이 되는 사람에게는 협력과 지지를 보내고, 자신에게 손해를 끼칠 사람에게는 적대감을 보이는 게 당연하다. 그럼에도 성공하려면 무조건 배려하고 양보하는 착한 사람이 되라는 건 지나친 요구다. 스티브 잡스가 테레사 수녀가 될 수는 없다.

아프리카 속담에 '빨리 가려면 홀로 가고, 멀리 가려면 함께 가라'는 말이 있다. 위대한 성과는 절대 혼자만의 힘으로 이루어지지 않는다. 창의적인 결과물도 협업의 산물인 경우가 대부분이다. 홀로 이룬 것이라 해도 거인의 어깨 위에 올라선 덕분이다. 백지장도 맞들면 낫다. 고립이야말로 당신의 잠재력을 갉아먹는 장애물이다.

그렇다고 무조건 이타적으로만 행동해야 할 필요는 없다. 협력은 이기심의 반대가 아니다. 오히려 이기적인 사람들끼리 보다 더 큰 이익을 위해 협동한다는 점에서 이기심의 질적 전환으로 봐야 한다. 즉, 이타적 이기주의로 무장한 똑똑한 이기주의자들은 협력을 통해 나와 남의 이익을 함께 극대화시킬 줄 안다.

자, 솔직해지자. 당신도, 그리고 상대방도 모두 자신의 이익을 최우선으로 여기는 이기주의자라는 점을 인정하자. 그래야만 함께 협력함으로써 상호 이익을 극대화할 수 있는 길을 찾을 수 있다. 그러다 보면 어느덧 이타적 이기주의자로 성장한 당신을 발견할 수 있을 것이다.

그런데 인간관계에 정성을 쏟는 이들 중에 오히려 주위의 반감을 사는 이들이 있다. 자신의 성공을 위해 인간관계를 이용한다는 생각이 들기 때문이다. 손익을 따져 인간관계를 맺는 게 바람직할까? 인맥 관리라는 용어에 반감을 가지는 것도 그 때문이다. 왠지 인간보다 이익이 우위에 있다는 느낌이 든다.

이들에게 반감이 드는 것도 이런 솔직하지 못한 모습 때문이다. 인간관계를 외치며 순수하게 이타적으로 행동할 것처럼 유세 떨지만, 실은 자신의 이익을 위해 이용할 뿐이다. 물론 누구나 이기적이기에 그런 행동을 말릴 순 없지만, 함께 이익을 도모하는 게 아니라 이용만 당한다는 사실이 불편하게 다가올 수밖에 없다. 이런 사람과 함께 있으면 손해만 볼 가능성이 높다. 사람을 목적이 아니라 수단으로만 보는 사람과는 절대 함께하지 말아야 한다.

똑똑한 이기주의자로 살아가자

이타적 이기주의로 무장한 똑똑한 이기주의자들은 멀리 가려면 함께 가야 함을 알고 다른 사람과 협력할 줄 안다. 다른 사람의 이기심을 이해하고 더 큰 이익을 창출하는 방향으로 나아갈 줄 안다. 자신의 이익만 챙기려 하다가는 오히려 밥그릇마저 깨질 수 있음을 안다.

우리는 흔히 이기심을 불편하게 바라보는 경향이 있다. 이타적이어야 한다는 당위성에 묻혀 자신의 이기심을 비판적으로 본다. 문득 이기적인 생각이 들면 '나는 왜 이럴까?'라며 자책하기도 한다.

이제라도 이기적이지 않은 사람이 되려고 위장하지 말자. 사람을 목적으로 대해야 한다면, 자기 자신에게도 목적으로 대할 줄 알아야 한다. 스스로를 사랑하지 않는 사람이 그 누구를 사랑할 수 있을까? 스스로를 위하는 마음이 나쁜 것이 아님을, 스스로에게 이익이 되는 행동을 하는 게 자신을 사랑하는 길임을 인정하자.

그래야만 다른 사람의 이기심도 이해하고, 수단이 아닌 목적으로 대할 줄 알게 된다. 사람들의 만남에 갈등은 피할 수 없다. 서로의 이기심이 충돌하기 때문이다. 형제 간의 경쟁처럼 갈등은 언제나 존재한다. 새로운 아이디어도 갈등을 통해 나온다. 이런저런 갈등 속에서 해법을 찾아가는 과정을 통해 사회적 존재로 성숙해간다. 경쟁하면서도 서로의 영역을 존중하며 함께하는 법을 배워간다. 경쟁적 협력 관계를 구축하는 셈이다.

사람보다 열등한 침팬지들도 싸우고 난 뒤 정교한 화해 의식을 벌인다고 한다. 갈등이 생기더라도 이를 치유하고 화해하는 것이 무엇보다 중요함을 알고 있기 때문이다. 침팬지들도 목적을 이루기 위해서는 함께해야 함을 분명하게 인식하고 있다.

이타주의자가 되어야 한다는 당위성에만 집착하지 말고, 자기만의 길을 걸어가며 성공을 쟁취하는 똑똑한 이기주의자가 되자. 진심은 언제나 통하는 법이다. 모두에게 이익이 되는 자기만의 길을 걸어간다면 주위 사람들도 그 진심을 이해하고 응원할 것이다.

마지막으로 경쟁도 때론 협력의 일환일 수 있음을 받아들일 줄 알아야 한다. 한때 화제가 되었던 경연 프로그램 〈나는 가수다〉는 이전에 없던 독특함으로 우리의 관심을 사로잡았다. 당시 참여하는 가수들은 경연할 때마다 승자와 패자로 나눠졌지만, 결과적으론 모두 승자가 되었다. 경쟁 관계로 보였지만, 실은 함께 더 큰 가치를 창출하는 협력 관계였기 때문이다. 자기만의 길을 가는 이에겐 경쟁자도 도우미가 될 수 있다.

다만 경쟁적 이기주의자들까지 포용하려 하지는 말자. 아무리 함께 하려 해도 자신의 이익만 챙기려는 이들과는 같이 갈 수 없다. 그런 이들에게까지 배려와 존중을 보일 필요는 없다. 미움을 받아도 상관없다. 그들이 없어도 자신만의 길을 걸어가는 당신과 함께할 이들은 언제나 곁에 있으니까.

6장

경쟁하지 않는 삶은 후회를 남기지 않는다

당신만의 삶을 살고 있다면 어떤 일을 하는가는 그리 중요하지 않다.
지금 당신의 삶이 아니라면 다른 어떤 삶을 살겠는가?
_미국 소설가 헨리 제임스

우리가 만들어 갈 미래

2018년 초 예능 프로그램 〈윤식당 2〉에서 방영된 손님들 간의 대화가 큰 반향을 울린 적이 있다. 스페인의 한 마을에서 식당을 운영했던 이 프로그램에서 "한국이 일을 가장 많이 하는 나라야?"라는 어머니의 물음에 딸은 이렇게 말했다.

"멕시코가 2번째, 한국이 1등이야. (중략) 대기업에 들어가서 하루에 12시간 이상씩 일하는 거지. 그것도 평생 동안. 내가 느끼기에는 다들 들어가고 싶어해. 그래서 나는 의아해했어. 난 조금 일하고 내가 하고 싶은 것들을 할 수 있는 시간이 많길 원하는데. 하루에 내가 가진 시간 중에 10~15시간을 대기업을 위해 일하는 건 싫어."

동네 주민들과 반갑게 인사하며 즐겁게 식사하는 그들의 여유로운 모습에서 '경쟁하지 않는 삶'이 보이는 건 우연이 아니다.

해 뜨기 전 새벽이 가장 어둡다

 마을 사람들 모두가 한 그루의 사과나무를 향해 달리기 시합을 벌이고 있다. 치열하게 경쟁하다 보니 넘어지거나 다치는 사람이 속출한다. 이를 지켜보던 한 나그네가 한심한 듯 혀를 끌끌 차며 말했다. "사과나무가 저리 많은데 왜 저 나무에만 먼저 가려고 이 난리들일까?"
 여유로운 스페인 사람들의 눈에는 열심히 일하지 않으면 불행해질 수밖에 없는 무한경쟁 속의 한국인들이 마치 한 그루의 사과나무에만 미친 듯이 달려가는 이해 못할 사람들로 보일는지 모른다. 사실 대한민국처럼 경쟁 패러다임이 짙게 드리운 곳도 드물다.

 그랬던 대한민국에서 경쟁 패러다임이 흔들리고 있다. 경쟁 승리에 무조건적인 찬사를 보내는 태도로 일관했던 우리 사회에 변화의 바람이 불고 있다. 해 뜨기 전 새벽이 가장 어둡다고 하듯이, 경쟁 패러다임이 극에 달한 지금에 이르러서야 그 균열이 서서히 드러나고 있는 것이다. 최근의 욜로 열풍과 노멀크러시 현상도 그 때문이다. 최근 남북 간의 너 죽고 나 살기 식의 경쟁 논리에서 벗어나 서로 협력하고 화합하는 남북 관계, 아니 남북통일로 나아가려 하는 것도 이런 현상과 무관하지 않다.
 이번 평창 동계 올림픽은 경쟁 패러다임의 균열을 공개적으로 드러냈다. 과거엔 국민들은 금메달을 딴 선수에게만 환호했다. 은메달을 딴 선수는 죄를 지은 양 고개를 떨구어야 했다. 하지만 이번 올림픽에선 다른 반응이 나왔다. 은메달을 딴 여자 컬링 팀이나 남자 봅슬레이 팀에게 환호의 박수를 보내며 도전 정신에 경의를 표했다. 은메달이나 동메달을 딴 선수들도 고개를 떨구고만 있지 않았다. 스피드스케이팅 여자 500미터 3연패를 노렸던 이상화도 은메달을 수확한 후 금메달리스트인 고다이라 나오小平奈緒와 뜨겁게 포옹하며 서로 격려했고, 국민들 역시 그런 이상화에게 아낌없는 격려를 보냈다. 경쟁을 넘어 자기만의 길을 걸어간 두 선수에게 존경을 표했다. 반대로 여자 팀추월 경기가 논란이 된 것도 메달보다 협동심을 우선으로 보았기 때문이다.

이는 경쟁의 최일선에 서 있는 경영 현장에서도 찾아볼 수 있다. 1996년 경영학의 아버지로 불리는 피터 드러커Peter Drucker는 한 인터뷰에서 '기업가 정신이 최고로 충만한 나라는 어디냐'는 질문에 이렇게 답했다.

"바로 한국이다. 40년 전만 해도 한국에는 그 어떤 산업도 존재하지 않았다. 수십 년 동안 한국을 지배했던 일본은 한국인들이 그 어떤 산업도 갖는 걸 허용하지 않았다. 한국인들에게 고등 교육을 허용하지 않아 해방 이후 교육을 제대로 받은 사람도 거의 없었다. 게다가 해방 후 한국전쟁으로 인해 한국에 있던 소수의 공장들조차 폐허로 변했다. 그럼에도 한국은 현재 20여 개 산업 분야를 세계적 수준으로 키워냈고, 몇 개 분야에선 세계 최고 수준을 유지하고 있다."

이렇듯 기업가 정신이 충만했던 우리의 현재 모습은 초라하기 그지없다. 암웨이가 발표한 〈2018 글로벌 기업가 정신 보고서〉에서 대한민국은 조사 대상 44개 국가 중에서 33위를 차지했다고 한다. 2016년에는 23위였다고 하니, 2년 사이 10계단이나 추락한 셈이다.

이렇듯 막판에 몰리자 기업들은 경쟁을 넘어 새로운 수요 시장을 창출하는 길에 주목하고 있다. 혁신이나 창의성을 부르짖는 이유도 그 때문이다. 물론 재벌을 위시한 상명하복의 위계에서 그 한계 역시 분명하다. 회장이 제왕처럼 군림하는 재벌 그룹의 특성상 '다른 의견'은 해고로 이어질 수밖에 없다. 순종적인 인재들만 원하는 기업에 톡톡 튀는 괴짜들이 둥지를 틀 공간은 어디에도 없다.

하지만 이미 화살은 시위를 떠났다. 이미 경쟁하지 않는 길로 넘어간 대세의 흐름을 막을 수는 없다. 재벌이라고 마냥 버틸 수만은 없다. 변화의 조짐은 벤처기업들에게서부터 일어나고 있다. 일례로 2018년 PC 온라인 게임 '배틀그라운드' 개발업체 블루홀은 게임 개발을 주도한 초기 개발자 20여 명에게 1인당 최소 10억 원에서 최대 50억 원까지 성과급을 지급했다고 한다. 기업과 함께 자기 길을 가는 이들의 모습이 보인다. 참고로 2017년 '배틀그라운드' 판매로 매출 6665억 원, 영업이익 2517억 원을 올렸다.

사회적으로도 경쟁 패러다임이 약화될 가능성이 농후하다. 최근 일본의 청년 실업 문제가 해소되고 있다고 한다. 아니, 오히려 청년 구인

난이 발생해 외국으로부터 유입되는 모습도 보인다. 이렇게 된 데는 여러 요인이 있겠지만, 저출산도 하나의 해결책으로 작용했다. 90년대부터 지속된 저출산으로 인해 청년 수가 줄어들었기 때문이다. 저출산이 인구의 감소로 이어져 성장 잠재력을 갉아먹는다는 점에서 긍정적인 효과만 있는 건 아니지만, 청년 실업 해소 측면에선 긍정적인 효과를 발휘하고 있다. 우리나라 역시 지금의 저출산 기조가 지속된다면, 10년 이내에 청년 노동 인력이 부족해질 가능성이 높다. 이는 역으로 치열한 취업 경쟁을 초래했던 청년 실업 문제의 해소로 이어지고, 대한민국을 짓눌렀던 경쟁 패러다임도 상당히 완화되는 결과로 이어질 수밖에 없다.

경쟁을 지양하는 교육 시스템

그렇다고 언제까지 경쟁 패러다임이 무너지길 기다리고 있을 수만은 없다. 앞서 경쟁하지 않는 길에서 성공을 거머쥔 사람들을 살펴보았다. 하지만 자기만의 길이 성공할 가능성이 높다 하더라도 경쟁 의식에 절어 있는 사회에선 제약될 수밖에 없다. 그 길에서 벗어나고 싶다면, 사회적으로도 경쟁 패러다임의 종언을 외쳐야 한다. 사회적으로도 시스템이 바뀌고 인식의 변화가 동반된다면 제로섬 경쟁에서 벗어나 모두가 성공하는 밝은 내일을 기대할 수 있으니 말이다.

물론 도도한 역사의 흐름은 그렇게 될 것이지만, 그 흐름에 우리의 목소리들이 실린다면 장밋빛 미래는 점점 더 앞당겨질 것이다. 세상을 바꾸는 건 우리들의 몫이다. 아무 것도 하지 않고 기다리는 건 후회와 자책만을 안겨줄 게 분명하다.

그런 점에서 먼저 경쟁 승리만을 강조하는 교육 시스템의 정비부터 시작해야 하지 않을까? 어릴 때부터 경쟁 패러다임이 깊숙이 자리잡게 되면, 사회에 미치는 폐해가 엄청나기 때문이다.

대한민국 교육 시스템의 목표는 미래 인재 육성이 아니라 승자의 자리에 올라설 자와 패자로 전락할 자를 구분하는 데 있다. 입학식 첫날부터 선생님들이 "지금부터 입시 경쟁이 시작되었다. 네 주위의 친구들이 모두 경쟁자. 등수가 올라갈수록 너의 미래가 바뀐다."고 말하는 곳이 바로 여기다.

지금과 같은 지식 사회, 4차 산업 혁명 시대엔 현재의 지식보다 지속적으로 학습할 수 있는 역량이 더욱 중요하다. 그런데도 우리는 10년만 지나도 무용지물이 될 지식을 배우기 위해 사교육 투자에 열을 올린다. 모두가 시험에 매달리는 이유는 지식이 아니라 성적이 중요하기 때문이다. 이런 실태를 적나라하게 비판한 세계적인 미래학자 앨빈 토플러Alvin Toffler의 말이 가슴에 커다란 돌덩이를 쿵 내려놓는 듯하다. "아직도 한국의 학생들은 학교와 학원에서 미래에 필요하지도 않은 지식과 존재하지도 않을 직업을 위해 하루에 15시간씩 시간을 낭비하고 있습니다."

게다가 획일화된 성공 공식과 간판 중시 문화는 열정과 재능을 제대로 분배하지 않는 시스템을 낳았다. 미술에 재능이 있어도 성공하려면 의대에, 글쓰기에 열정을 가졌어도 로스쿨에 가야 한다. 이로 인한 사회적 낭비는 차후의 문제다. 맞지 않는 시스템 속에 억지로 자신을 밀어 넣는 과정에서 개인들이 겪어온 고통이 임계점을 향해 가고 있다.

또한 승자와 패자를 가르기 위한 경쟁은 모두가 모든 것을 잘하는 평범한 사람이 되기 위해 뛰게 만든다. 한두 과목 잘하는 것보다 전 과목을 두루 잘해야 명문대학에 들어갈 수 있다. 낙제 과목이 없어야 유리하고, 남들 하는 것은 다 할 줄 알아야 한다. 두루 스펙을 갖춰야 대기업에 입사할 수 있다.

만약 아인슈타인이 21세기 대한민국에 태어났다면, 치열한 경쟁의 틈바구니에 치여 낙오자가 되었을 게 분명하다. 학창 시절 저능아에 열등생으로 낙인 찍혔던 그였기에, 남들처럼 좋은 대학을 나오지도, 화려한 스펙을 쌓지도 못한 그였기에 대한민국을 좌절의 장으로 여겼을 것이다. 하얏트 호텔을 설계한 세계적인 건축가 존 포트만John Portman 역시 마찬가지다. 학교 공부보다 건물 스케치 하는 일에 관심이 많았던 그는 실업계 고등학교에 입학해서도 건축과 설계 과목만 배우고 다른 과목은 거들떠보지 않았다. 만약 그가 한국에 태어났더라면 건축가가 되기 위해 전 과목을 모두 공부해야만 했을 것이다. 물론 세계적인 건축가는 탄생하지 않았을 가능성이 높다.

이런 경쟁 위주의 교육 시스템은 대한민국 청소년의 협동심마저 찢어놓았다. 세계 36개국 중학생 14만 6천 명을 대상으로 청소년의 사회적 상호 작용 역량을 조사한 '국제시민의식 교육연구(ICCS)' 자료에 따르면, 대한민국은 꼴찌에서 두 번째인 35위에 그쳤다고 한다. 구체적으로 관계 지향성, 사회적 협력, 갈등 관리의 세 영역 중에서 관계 지향성과 사회적 협력이 꼴찌를 기록했다. 결국 대한민국의 청소년들은 다른 사람과 함께 어울리며 살아가는 사회성이 부족한 걸로 나타났다. 흉금을 터놓고 인생을 함께 얘기할 학우마저 경쟁자이자 자신의 밥그릇을 뺏어갈 적으로 바라보게 만든 기성세대들이 그들에게 사회성과 협동심을 요구하는 게 오히려 지나친 게 아닐까?

협동 학습이 효과가 없는 것도 협동 학습을 경쟁 평가의 수단으로 삼기 때문이다. 협동 학습의 결과가 자신의 미래를 좌우할 성적에 십분 반영되는데, 그 누가 열등한 학생과 한 팀이 되려고 할까? 팀 짤 때부터 신경전을 벌이는 친구들로부터 외면당한 상처는 아물지 않은 채 깊이 새겨진다. 이런 행태는 비단 협동 학습만의 문제는 아니다. 학교에서의 모든 활동들이 학생부에 기록되고, 그 기록이 자신의 미래를 좌우하는 상황에서 청소년들의 삶은 24시간 경쟁으로 내몰릴 수밖에 없다.

지금부터라도 바꿔야 한다. 학교에서 일체의 성적 평가를 하지 않음으로써 경쟁을 배제한 핀란드처럼 하지는 못하더라도 가급적 학교에서의 활동이 상대 평가를 목표하지 않도록 바꿔야 한다. 그러려면 평가를 가급적 적게 하는 게 좋다. 먼저 학내 경쟁을 덜어내도록 학생부 기록부터 평가에 반영하지 않는 게 필요하다. 내신 성적은 대학 입시를 좌우할 만큼 확대하지 않아야 한다. 경쟁이 불가피하다면 수능을 2, 3번 치러 그중 좋은 성적을 대학 입시에 반영해보는 건 어떨까? 70%의 학생들이 공부가 재미있고 즐겁다고 답하는 핀란드처럼 우리 아이들도 즐겁게 공부하는 그날을 기대하고 싶다.

이러한 바람과 달리 지금의 논쟁은 엉뚱한 방향으로 흐르고 있다. 경쟁을 지양해야 했음에도 오히려 지난 10여 년간 경쟁 의식을 부추기는 방향으로 진행되었다. 사람을 체로 쳐서 걸러내 쓸모없는 이들을 솎아내는 현재의 교육 시스템이 가진 문제는 분명하다. 지금이라도 이 지긋지긋한 경쟁 패러다임에서 벗어나야 한다. 그것을 최우선 목표로 삼는다면, 교육 시스템의 개편 방향을 잡는 것도 그리 어렵지 않을 것이다.

경쟁을 강요하지 않는 사회

우리 사회에 일고 있는 경쟁 패러다임의 균열이 곳곳에서 영향을 끼치고 있다. 모순이 축적되다 보면 어느 순간 질적인 전환이 일어나듯이, 우리 사회 역시 경쟁을 강요하지 않는 사회로의 전환이 일어나고 있다. 그중에서도 최근 들어 변화의 바람이 불고 있는 남북 관계가 가장 극적이다. 남북 관계의 변화, 나아가 남북통일이야말로 경쟁 패러다임의 종언을 고하는 이정표가 될 것이기 때문이다.

예전엔 북한은 반드시 섬멸해야 할 경쟁자였다. 빨갱이, 북한 괴뢰도당, 적화 통일만 외치는 악마들과는 결코 같은 하늘 아래 살 수 없다고 여겼다. 그러다 보니 대한민국 사회 모순의 정점에는 언제나 북한이 있었다. 무슨 일만 터지면 북한 탓이요, 빨갱이 짓으로 돌리니 우리 사회의 진정한 발전이 더딜 수밖에 없었다. 게다가 핵무기와 대륙간탄도미사일을 개발하는 등 초강대국 미국을 향해 도전을 불사하는 북한은 언제 터질지 모르는 시한폭탄으로 다가왔다. 90년대 사회주의권 붕괴로 사면초가에 몰린 북한으로선 생존하기 위한 발악이었겠지만, 그로 인한 피해는 고스란히 우리가, 아니 한민족 전체가 받아야 했다.

그러던 우리가 이젠 양극단의 체제 경쟁을 넘어 상생하는 길을 모색하고 있다. 남북 모두가 패자가 되는 경쟁을 버리는 순간, 우리의 미래는 밝아질 가능성이 높다. 분단의 질곡이 향후 한민족에게 강대국으로 발돋움할 절호의 기회로 작용하기 때문이다. 남북의 경제 협력, 나아가 남북통일이야말로 지금의 장기 저성장 국면을 타개할 묘수이기 때문이다.

지금의 장기 저성장은 만성적인 수요 부족에 기인하고 있음을 알아야 한다. 20세기 후반부터 시작된 중국과 인도의 발전 역시 거대 인구가 수요 창출로 이어졌기에 가능했다. 지금도 베트남, 인도네시아 등 부상하는 신흥국들이 하나같이 인구에 초점이 맞춰진 것도 그 때문이다.

남북통일이 되고 난 후의 통일 한국을 상상해보자. 북한 지역이 수요가 창출될 미개척지라는 점에서 우리에게 다시없는 절호의 기회가 될 수 있다. 우리나라 수준의 국가 중에서 그런 거대한 미개척지를 가지고 있는 곳은 세계 어디에도 없다. 현재 독일이 잘나가고 있는 것도 통일 독일의 강력한 수요 창출 효과 덕분이었다.

물론 가난한 사람들이 많다고 곧바로 수요 창출로 이어지는 건 아니다. 아프리카가 대표적이다. 그런데 생산성 증가가 동반되어야 가능하다는 점에서 북한의 수요 창출 가능성은 아주 높다. 타고난 한국인의 특성을 감안하면 설득력이 높아진다. 실제로 평균 지능 지수가 가장 높은 나라는 한국이고, 2위는 북한과 일본이라고 한다. 우리가 그랬듯이, 북한도 판을 깔아주면 성과를 창출할 게 분명하다.

그런데도 남북 간의 체제 경쟁에만 집착한다면 절호의 기회는 한줌의 재로 사라질 것이다. 북한 정권과 공산주의자들을 오로지 타도해야만 할 대상이자 전멸시켜야 할 악의 구렁텅이로 본다면, 그 어떤 화해와 협력도 불가능하다. 악마와 어찌 손을 잡을 수 있을까? 오로지 죽이고 축출해야만 직성이 풀릴 것이다.

전쟁은 대한민국과 한민족의 미래를 짓밟을 것이다. 아무리 속전속결로 해도 전쟁의 폐허에서 다시 일어날 가능성은 거의 없다. 운이 좋아 북한 수뇌부만 제거할 수 있다 해도 이후 북한 상황이 우리 뜻대로 된다는 보장도 없다. 미국과 중국 등 강대국들의 잔치에 우리가 낄 자리가 없기 때문이다.

이제 해묵은 경쟁 패러다임을 버려야 할 때가 되었다. '빨갱이 콤플렉스'에 기댄 안보 불안감 조장도 무시할 때가 되었다. 이미 대한민국이 체제 경쟁에서 승리했다. 북한은 목전의 생존을 위해 벼랑 끝 전술을 펼칠 뿐이다. 그들을 인정하고 대화와 협력을 한다고 지는 것이 아님을 자각하자. 승패를 넘어 한민족의 밝은 미래를 위해선 상생의 길을 가는 게 현명하다.

2011년 《2020 경제대국 한국의 탄생》을 출간할 때부터 줄곧 주장했듯이, 통일이야말로 21세기 위대한 한민족의 밝은 미래를 여는 결정타가 될 것이다. 그런 점에서 2018년 초 북한의 입장 변화로 시작된 남북 화해 물결은 남북통일로 이어질 수 있으리라는 희망을 품게 한다. 한치의 양보도 없이 일촉즉발의 불안감만 일으켰던 한반도에 조금씩 평화가 찾아오고 있다.

그럼 이 모든 게 원하는 대로 진행된다면 통일 한국의 미래는 어떨까 상상해보자. 통일 한국은 저성장에 신음하는 세계에서 가장 매력적인 나라이자 21세기 글로벌 경제를 주도하는 강대국으로 부상할 가능성이 높다. 북한 지역에 대대적인 투자가 유입될 것이다. 북한의 지하자원과 우수한 노동력을 감안하면 더욱 그러하다. 북한의 저렴한 양질의 노동력과 남한의 자본 및 기술력이 합해진다면 생산성을 확보하기가 그리 어렵지 않을 것이다. 인구 측면에서도 남북한 7천만 명의 대국이 된다. 물론 북한 보건 상황이 좋아지고 출산율이 높아진다면 성장 잠재력은 더욱 높아질 것이다.

통일 한국은 어디에도 없는 볼거리를 제공함으로써 세계적인 관광지가 될 가능성도 있다. IT 첨단을 달리는 남한과 공산주의 잔재가 남아있는 북한, 전쟁과 분쟁의 역사를 두루 관광한다는 것 자체가 세계인들에게 충분히 매력적인 관광 상품으로 다가갈 것이다. 그 역사를 압축해 놓은 판문점은 대표적인 관광지로 자리잡을 것이다. 냉전 역사의 산물이자 전쟁의 발자취가 남아있는 비무장 지대 역시 60여 년 가까이 사람 발이 닿지 않은 결과 전 세계 최대 규모의 온대 원시림이 되었다. 이 역시 전 세계에 없는 볼거리를 제공하는 관광 자원이 될 수 있다.

또한 반도 국가임에도 섬나라 같았던 대한민국으로선 통일이 되면 세계 경제 중심지의 물류 허브 역할도 할 수 있다. TSR 시베리아 횡단 철도나 TCR 중국 횡단 철도와 연결함으로써 일본에서 유럽까지의 연계가 가능하기 때문이다.

게다가 중국 만주와 연변, 러시아 연해주 등에 있는 100만 명의 조선족과 몽골, 중앙아시아 국가들과의 연계 등을 감안하면 단순한 통일 한국이 아니라 동북아 지역 내 강력한 경제 공동체의 구심체로 떠오를 가능성 또한 높다. 상상만으로도 벅차지 않는가? 20세기 분단의 질곡이 21세기 한민족의 영광을 위한 토대가 될 줄 누가 알았겠는가?

이렇듯 사회 전체가 남북 화해와 남북통일로 나아간다면, 우리 모두에게 성장할 기회를 활짝 열어줄 것이다. 남북 경제 협력으로 부상하는 기회를 잡는 데 집중해야 하기에 무한경쟁으로 질식사 직전까지 이른 우리들의 숨통을 터줄 가능성이 매우 높기 때문이다. 또한 남북 간의 체제 경쟁에만 집착하던 분위기에서 벗어나 상생하는 미래를 만들어감으로써 대한민국의 경쟁 지향적인 문화도 상당히 퇴색될 것이다.

1975년 한국 불교의 최고 학승으로 불린 탄허 스님이 다음과 같이 예언했다고 한다. "월악산 영봉 위로 달이 뜨고 이 달빛이 물에 비치고 나면, 30년쯤 후에 여자 임금이 나타난다. 여자 임금이 나오고 3~4년 정도 있다가 통일이 된다."

70년대 중반 당시에는 월악산 봉우리 위에 뜬 달이 물에 비친다는 이야기는 황당한 소리로 들렸다고 한다. 월악산 주변에 달이 비칠 만한 변변한 호수 하나 없었기 때문이다. 그런데 1978년 충주댐 공사가 착공되어 1985년에 완공되자, 정말로 월악산 달이 물에 비치게 되었다. 그로부터 30년쯤 뒤인 2013년에서 2017년까지 박근혜가 대통령을 지냈으니, 탄허 스님의 말대로 된 셈이다. 그럼 2020년 전후로 남북통일이 이루어질 수 있을지도 모른다.

물론 예언은 예언일 뿐이다. 그런데 그 예언을 실제 현실로 만드는 건 오로지 우리 몫이다. 나 홀로 뭘 바꿀 수 있을까 걱정하지 말고, 목소리를 높이자. 탄허 스님의 또 다른 예언이 21세기 한민족의 밝은 미래를 상정했다니, 더욱 분발해야 하지 않을까?

선장이 되고 싶은가, 선원이 되고 싶은가?

2009년 미국 월간지 〈애틀랜틱 먼슬리〉가 발표한 심층 기사가 사람들의 관심을 사로잡았다. 하버드대학교 성인발달연구 팀이 1937년 당시 하버드대학교 2학년 학생 268명을 대상으로 무려 72년간 진행한 '행복의 조건' 연구 결과가 기사화되었기 때문이다. 그런데 70년이 넘는 최장기 연구 프로젝트였다는 점에서만 화제가 된 건 아니었다. 연구 결과 역시 충격적이었다.

일반적으로 생각하듯이 명문대 대학생이라고, 고액 연봉을 받는다고, 부와 명예를 누리고 있다고 행복한 게 아니었다. 행복과 불행을 결정짓는 가장 큰 요인은 고난에 대처하는 자세와 인간관계였다고 한다.

연구를 진두지휘하고 있는 하버드대학교 의과대학 정신과 교수 조지 베일런트George Vaillant도 이렇게 말했다. "삶에서 가장 중요한 것은 인간관계이며, 행복은 결국 사랑이다."

경쟁하는 길에 행복은 없다

인생의 목표를 물어보면 뭐라고 할까? 부, 명예, 권력, 성공. 그 모든 것을 아우르는 대답은 바로 행복일 것이다. 그렇다. 우리는 행복을 갈구하며 살아간다. 열심히 일하면, 돈을 많이 벌면, 성공을 쟁취하면 행복해질 수 있으리라 믿는다.

경쟁도 행복해지기 위한 하나의 방법일 뿐이다. 어차피 세상은 경쟁하는 곳이기에 경쟁력을 키워 경쟁에서 이기면 행복해질 거라 여겨 왔다. '경쟁에서 이기기만 하면 행복해질 거야. 조금만 참자.' 그런데 정말로 경쟁하는 길에, 남을 짓밟고 올라서야만 성공하는 길에 행복이 놓여 있을까? 현실은 다르다. 하루하루 피 말리는 끝없는 경쟁의 굴레에서는 행복은 언제나 저 너머에 있다.

행복해지기 위해 경쟁한다지만, 실은 경쟁으로 인해 점점 더 불행해진다. 아무리 열심히 노력해도 이미 승자의 지위를 누리는 강자들과의 경쟁에서 이길 확률은 거의 없다. 때론 불행해지지 않으려 '지는 게 이기는 길이다'를 외치며 자기 합리화의 동굴로 숨어 버리기도 한다. 설사 승리한다 해도 또다시 경쟁이 기다리고 있다. 이렇듯 끝나지 않을 것 같은 경쟁의 터널에서 어찌 행복을 만날 수 있을까?

또한 경쟁은 인간관계에 부정적인 영향을 끼친다는 점에서 하버드대학교의 연구 결과와 상반된 길을 갈 수밖에 없다. 남을 짓밟아야만 성공할 수 있는 길에서 서로를 위하는 인간관계가 설 자리는 없다. 그런 경쟁 의식에 절어 있는 사람 곁에 누가 남아 있을까?

그럼에도 우리는 경쟁을 외친다. 어릴 때부터 경쟁에 내몰리다 보니 원래 목표였던 행복은 어디론가 사라지고, 경쟁 승리가 목표가 되어 버렸기 때문이다. 수단과 목표가 도치된 격이다.

하버드대학교의 연구 결과에서 보듯이, 행복은 부와 명예, 월급, 승진 등 외부 조건에 매여 있지 않다. 오히려 고난에 대처하는 자세 등 스스로 통제하는 능력에 비례한다. 외부 조건들에 의존하는 행복은 통제할 수 없는 상황에 종속시킴으로써 영원히 쟁취할 수 없는 대상으로 자리매김한다.

이런 통제력의 힘은 다른 실험에서도 확인된다. 먼저 두 그룹의 쥐들을 대상으로 한 전기 충격 실험을 살펴보자. 수동적으로 전기 충격을 받아야만 하는 그룹과 스위치가 있어 전기 충격을 차단할 수 있는 그룹으로 나누어 진행했다. 그 결과 같은 시간 동안 동일한 양의 전기 충격을 주었는데도 두 그룹의 건강 상태는 판이하게 달랐다고 한다. 통제력을 가진 그룹은 좋은 건강 상태였지만, 통제력이 없는 그룹은 위궤양이 발생하는 등 건강 상태가 나빠졌기 때문이다.

통제력이 미치는 영향은 심리학 실험에서도 드러난다. 소음이 심한 환경에서 문제를 푸는 실험에서 한 그룹은 그냥 풀고, 다른 그룹은 스위치를 누르면 소리를 줄일 수 있는 상황에서 진행했다. 그 결과 통제력이 없는 그룹은 통제력을 가진 그룹에 비해 5배나 적은 문제밖에 풀지 못했다고 한다. 실제 스위치는 한 번만 사용했는데도 원한다면 언제든 소리를 끌 수 있다는 통제력이 차이를 만든 것이었다.

이렇듯 통제력은 스트레스를 견디고, 앞으로 나아가게 하는 마력이 있다. 그런데 경쟁은 다른 사람과 비교해 상대적으로 이겨야만 한다는 점에서 통제 불가능한 요소다. 승리해야만 행복해질 수 있는데, 다른 사람은 자신이 어찌할 수 없는 외부 조건이기 때문이다. 언젠가는 자신보다 더 뛰어난 상대를 만난다. 덴마크 철학자 키르케고르S. Kierkegaard도 말했다. "비교는 행복의 끝이며, 불행의 시작이다."

지난 주에 산 로또가 1등에 당첨되어 상금으로 500억 원을 받았다고 생각해보자. 상상만으로도 기쁨에 겨워 기절할 지경이겠지만, 냉정히 현실로 돌아오도록 하자. 자, 지금 하고 있는 일을 계속하겠는가, 아니면 돈 때문에 억지로 하던 일이기에 당장 때려치우고 마음속에 품고 있던 다른 일을 하겠는가?

모든 걸 다 때려치우고 여생을 즐기며 살겠다고 결정할 수도 있다. 하지만 유유자적하며 놀기만 하는 삶이 행복할까? 뭔가 이루어가며 자아를 실현하는 것만큼 성취감을 주는 것도 없다. 과중한 업무가 스트레스라고 말하지만, 실은 선택권 없이 주어진 상황이 만드는 스트레스일 뿐이다. 물론 스스로 선택한 길에도 스트레스는 분명 존재하지만, 그 과정을 통해 얻는 성취감이 이를 보상하고도 남는다.

하루하루 떠밀려 살지는 말자. 그건 삶이 아니라 그저 죽음을 향해 나아가는 행위일 뿐이다. 세월에 질질 끌려가기보다는 차라리 스스로 가는 길을 선택해야 하지 않을까? 진정 원하는 길을 가지 못한 채 경쟁하는 길에 머물러 있다면 지금이라도 바꿔보도록 노력하자. 한 번뿐인 인생, 기왕이면 자기만의 길을 가면서 사람다운 삶을 살아보자.

당신은 당신의 인생 항로에서 선장이 되고 싶은가, 아니면 선원이 되고 싶은가?

운명이 이끄는 길

운명은 우연의 탈을 쓰고 찾아와 인생을 바꿔놓는다. 우연히 찾아온 오디션 프로그램에 나가 일약 스타덤에 오르며 오페라 가수가 된 폴 포츠Paul Potts, 그는 자신에게 다가온 운명의 힘을 극적으로 체험했다. 문재인 대통령도 자신의 자서전 《운명》에서 이렇게 말했다. "운명 같은 것이 나를 지금의 자리로 이끌어온 것 같다. 노무현 변호사를 만나고, 지금에 이르게 된 것도 마치 정해진 것처럼 느껴진다. (노무현 전) 대통령은 유서에서 '운명이다!'라고 했다. 내 삶도 그런 것 같다."

그런 거창한 만남까진 아니더라도 누구나 사소한 우연이 당신의 길을 바꾸게 한 경험이 있을 것이다. 자기만의 길 역시 마찬가지다. 오롯이 자신의 뜻을 세우고 간 경우도 있겠지만, 의도하지 않았지만 우연히 찾아온 기회가 인생길이 되기도 한다.

국내 작사가 중에서 저작권료 수입 1위를 달리고 있는 김이나가 작사가가 된 계기도 우연한 기회에 찾아왔다. 작곡가가 꿈이었던 그녀는 우연히 작곡가 김형석을 만나게 되었고, 그 자리에서 무턱대고 작곡을 배우고 싶다고 말했다. 이에 김형석은 '재능을 확인할 겸 자신의 작업실을 방문해달라'고 제안했고, 그녀는 그 기회를 놓치지 않았다.

그런데 김형석은 작업실을 찾아온 그녀의 피아노 솜씨에 "기본부터 배워야 할 것 같은데"라는 식으로 에둘러 거절했다고 한다. 이에 실망한 그녀는 자신의 홈페이지에 김형석 콘서트에서 찍은 사진들을 올려놓았으니 한번 보라고 말하고는 작업실을 나왔다.

며칠이 지난 어느 날 김형석으로부터 연락이 왔다. 그런데 그는 그녀에게 '작곡이 아닌 작사를 해보면 어떻겠냐'는 뜻밖의 제안을 했다고 한다. 사진을 보러 그녀의 홈페이지를 방문했던 그는 홈페이지에 올려진 그녀의 글들을 보고는 작사가로서의 재능을 본 것이다. 그렇게 그녀는 작사가로서의 길을 시작하게 되었다.

운명이라 하면 시련과 고난을 떠올리는 사람들에게 운명은 맞서 이겨야 하는 대상이겠지만, 운명은 마주서야 할 적도, 극복해야 할 장애물도 아니다. 운명의 진정한 목적은 당신을 조롱하고 짓밟는 데 있지 않다. 언제나 운명은 당신 편에 서 있다. 때론 자애로운 어머니로, 때론 엄한 아버지의 모습으로 당신이 자신만의 길을 걸어가 나래를 마음껏 펼칠 수 있도록 항상 곁에 있다.

당나라 최고의 시인 이백李白도 이런 말을 남겼다. "하늘이 나를 내었으니, 반드시 어딘가 쓸모가 있다." 운명은 당신만의 길을 설계해 놓았다. 문제는 그 길을 찾는 해답은 그 누구도 대신 해주지 않는다는 점이다. 자신에게 주어진 운명은 스스로 찾을 수밖에 없다. 때가 되면 당신에게 펼쳐진 운명의 길이 보일 것이다.

    그렇다 하더라도 답답한 마음이 사라지지는 않는다. 스스로 찾아야 한다고 다짐해보지만, 아무리 둘러봐도 보이지 않는다. 하늘에게 물어볼 수도 없는 일 아닌가. 그러다 보면 이렇게 시간만 보낼 수는 없다는 조급함에 무리수를 두고는 이내 좌절한다. 이렇게 만든 하늘을 원망하고 또 원망하면서.

    앞서 삼성그룹 창업자 이병철 회장의 좌우명인 운둔근을 말한 바 있다. 우둔하고 끈기 있어야 함을 강조하는 이유는 사람은 결코 하늘을 이기지 못하기 때문이다. 하늘은 언젠가는 당신에게 반드시 운명의 길을 열어준다. 운명은 당신을 팽개치지 않는다. 단지 그 때를 알지 못할 뿐이다.

    낚시꾼의 대명사로 알려진 강태공姜太公, 그는 실은 은나라를 멸하고 주나라 시대를 열 수 있도록 천하 평정의 계책을 세운 일등 공신이다. 그런 그가 주나라 문왕을 만나기 전까지 팔십이 다 될 때까지 하릴없이 위수 강가에서 낚시만 하며 세월을 낚았다. 부인까지 도망가는 바람에 홀로 곤궁하게 지냈다고 한다. 천하를 뒤흔든 전략가 강태공도 하늘이 열어줄 때까지 속절없이 기다려야만 했다.

그렇다고 아무 것도 하지 않으며 기다리기만 하라는 뜻은 아니다. 맹자도 자신의 마음을 다하고 난 뒤에야 하늘을 알 수 있다고 했다. 전혀 새로운 길이 갑자기 찾아올지도 모른다. 누구는 빨리 기회를 주는데 유독 당신에게만 늦게 줄지도 모른다. 기다리다 보면 우연처럼 찾아오기도 한다. 어떤 상황에서도 준비되어 있다면 그 기회를 잡을 수 있다. 결국 할 수 있는 건 준비에 최선의 노력을 다하는 것뿐이다. 자신이 가진 모든 것을 쏟는 사람만이 천명을 기대할 수 있다.

아무리 점집을 돌아다녀도 때가 되지 않으면 운명의 길은 나타나지 않는다. 자신의 길을 주위에 물어보는 것만큼 어리석은 건 없다. 가장 먼저 도착하지 않아도 좋다. 조금 늦더라도, 속도가 느리더라도 조급해하지 말자. 속도를 늦춘다고 실패하는 게 아니다. 아니, 속도를 늦춰야 길이 보이는 법이다. 사람마다 삶의 속도는 제각각이다. 누구와 견줄 필요가 없다. 자신만의 속도로 가는 게 인생이다. 묵묵히 한길을 간 이는 어느새 자신만의 성을 구축하고 크나큰 성공의 열매를 가득 쌓아둘 수 있다.

그렇다고 운명이 정해준 길이 평탄할 거라 기대해서는 안 된다. 운명은 당신이 진정 자기만의 길을 걸어갈 수 있도록 단련시키기도 하기 때문이다. 하늘은 어느 것 하나 공짜로 주진 않는다. 맹자도 다음과 같이 말했다.

"하늘이 어떤 사람에게 장차 큰 일을 맡기려 할 때는 반드시 먼저 그

마음과 뜻을 흔들어 괴로움을 주고, 그 육신을 피곤하게 하며, 그 육체를 굶주리게 하고, 그 생활을 궁핍하게 한다. 이렇듯 그가 하려는 바를 힘들게 하고 어지럽게 하는 것은 마음을 단련시켜 흔들리지 않을 인내심을 기르고, 불가능하다던 일도 능히 해낼 수 있도록 키우기 위함이다."

세상 어디에도 항상 안전한 길은 없다. 삶은 멀리서 보면 희극이지만, 가까이서 보면 비극이라고 했다. 그렇다고 너무 걱정하지는 말자. 신은 감당할 수 있을 만큼의 시련만 준다고 하지 않는가? 니체도 '가혹한 시련이야말로 자신을 단련시키는 최고의 친구'라 했다. 잠깐의 고난은 자기만의 길을 가기 위한 훈련이라 생각하자.

하늘은 언제나 당신 편에 서 있다. 아모르파티 Amor Fati!

진정 원하는 길은 후회를 남기지 않는다

자기만의 길이 무조건 행복한 건 아니다. 앞서 조앤 롤링, 윤태호 등 자기만의 길을 걸어가 성공한 이들을 언급했다. 아무리 자기가 선택한 길이었다 해도 그들 역시 어렵고 힘들게 걸어왔을 것이다. 열사의 사막처럼 뜨거울 때도 있고, 거센 폭풍우에 흔들리는 돛단배가 될 때도 있었을 것이다. 고민도 많이 하고, 때론 방황도 하면서 이리저리 치이며 비틀비틀 걸어가기도 했을 것이다. 성공하고 나니까 그런 과정들이 미화되어 당연히 거쳐야 할 과정처럼 말하지만, 현실은 냉혹하게 다가왔을 것이다.

그럼에도 자기만의 길을 가려는 건 바로 그 길이 후회를 남기지 않기 때문이다. 누구나 지나온 길을 후회한 적이 있을 것이다. 그런데 후회하는 내용을 곰곰이 생각해 보면 실패라는 결과 자체보다 거기에 이르는 과정에 대해 후회하는 경우가 대부분이다. '그때 그렇게 했어야 했는데', '좀 더 신중하게 고민하고 할 걸', '왜 그런 어리석은 결정을 내렸을까'.

후회는 나쁜 결과로 인해 오는 게 아니다. 합리적으로 선택했으나 결과가 나쁠 때는 운이 없었다고 생각하지만, 어설프게 선택해 나쁜 결과를 초래했을 때에 크게 후회한다. 자기만의 길 역시 마찬가지다. 주위의 만류와 세상의 흐름에도 불구하고 자기만의 길을 선택한 이들은 결과가 나쁘더라도 후회를 남기지 않는다.

명문대를 나와 SK에서 입사해 한때 잘나가던 지인들과의 만남이 마냥 즐겁지만은 않다. 모두가 부러워하는 시작이었지만 돌이켜보면 후회가 남는 길을 걸어왔기 때문이다. 아무리 잘나가던 사람이라도 갑자기 찾아오는 위기를 피해가진 못한다. 자의 반 타의 반 퇴직한 뒤 세상에 끌려 살다 보면, 차라리 하고 싶은 일이나 하며 살았으면 후회는 남지 않았을 거라는 한탄만이 술자리를 맴돈다.

잘못된 결과를 손에 쥔 사람만이 후회하는 건 아니다. 의외로 성공한 사람 중에 후회하는 이들이 많다. 돈과 권력을 쥐어 보니 이게 아니라는 거다. 이들이 성취감을 느끼지 못하고 인생을 후회하는 이유 역시 자신만의 길을 가지 않았기 때문이다. 의사나 변호사 등 전문직을 우대하고 승리를 찬양하는 분위기 속에 경쟁에서 이겨 성공해야 한다는 압박감이 그들을 한 방향으로 몰아갔다. 자신의 선호도나 취향 등 내적인 동기는 무시한 채 외적인 조건으로만 선택을 강요당했다. 그렇게 간 길에서 정작 결과물을 얻고 보니 자신의 인생에 남은 게 없는 것이다.

이제라도 자신이 하고 싶은 일, 즐길 수 있는 일, 따분한 일상에 뜨거운 열정을 더할 일을 찾아야 한다. 자기만의 길이야말로 이번 생에 대해 스스로 던진 질문이자 해답이다. 주변에서 정해놓은 길에 자신을 가두지 말고 진정 원하는 길을 떠나보자. 그리고 그 길에 한번 미쳐보자. 결과야 좋든 나쁘든 상관없다. 한평생 후회 없이 산 것만으로도 충분히 행복하니까.

> 그 누구도 아닌 자기 걸음을 걸어라.
> 나는 독특하다는 것을 믿어라.
> 누구나 몰려가는 줄에 설 필요는 없다
> 자신만의 걸음으로 자기 길을 가라.
> 바보 같은 사람들이 무어라 비웃든 간에.
> _ 영화 〈죽은 시인의 사회〉 중에서

맺음말

경쟁을 버려야 성공이 보인다

한 고등학교의 문제아들이 모인 B반은 공부는 꼴찌에, 말썽만 일으킨다. 그러던 어느 날 B반에 새로운 담임 선생님이 온다. 소싯적 안무가와 연출가로 유명했던 최창민 선생이다. 그는 사고뭉치인 아이들에게서 각자의 재능을 발견하고는 아이들과 함께 곧 열리게 될 학교 졸업 작품전에 나가기로 결심한다. B반 학생들도 진심 어린 사랑으로 자신들을 믿어주는 선생님을 따라 최선을 다하며 각자의 꿈을 향해 한 발 더 다가선다.

최근 화제가 되고 있는 넌버벌nonverbal 뮤지컬 〈디스이즈잇〉의 줄거리다. 이 공연은 누구나 그 자체로 특별한 존재이기에 비교와 경쟁을 하지 않고도 충분히 사랑받을 자격이 있음을, 주위의 시선을 넘어 자기만의 꿈을 향해 앞으로 나아가는 것이 얼마나 소중하고 아름다운지 말하고 있다.

그런데 〈디스이즈잇〉이 특별한 건 줄거리 때문만은 아니다. 흔히 볼 수 없던 색다른 뮤지컬이기 때문이다. 예술과 디지털 기술이 결합된 융·복합 공연으로, 미디어 아트에 비트박스, 스트릿 댄스, 매직 풍선쇼, LED 트론 댄스, DJ 파티 등이 어우러져 눈과 귀를 즐겁게 한다.

이런 독특함이 〈디스이즈잇〉의 흥행으로 이어지고 있다. 사실 〈난타〉가 전 세계를 강타할 수 있었던 것도 그 어디에서도 볼 수 없던 독특함 때문이다. 지극히 한국적인 것이 오히려 세계적으로 성공할 수 있는 이유도 여기에 있다. 결국 이 색다른 공연 자체가 꿈을 향해 나아가고 있는 건지 모른다.

우리는 언제나 여행을 꿈꾼다. 누구든 버킷 리스트에 여행지 한 곳쯤은 올려놓을 만큼 간절한 여행 바라기들이다. 사람 사는 동네야 여느 곳과 다를 바 없겠지만, 여행을 꿈꾸는 이유는 아마도 지금껏 만나보지 못했던 색다름을 갈망하는 마음 때문이리라. 낯선 골목에서 만나는 한 끼의 식사도, 갑작스럽게 다가오는 색다른 풍경도, 무심한 듯 지나치는 이국 사람들의 얼굴도 모두 반갑다. 노을이야 어디서나 똑같은 노을이련만 빨갛게 일렁이는 노을에 가슴이 물들고, 사람들로 북적이는 부산한 도심에서도 황홀한 낭만에 취한다.

여행을 다녀온 사람이라면 누구나 한번쯤 낯선 공간을 탐험했던 자신의 여행담을 자랑한 적이 있을 것이다. 남들이 보기엔 별 것 아닌 자기만의 강렬한 경험은 수줍은 사람도 친구들 앞에서 일장연설하게 만드는 마력이 있다. 이렇듯 각자가 느꼈던 자기만의 빛과 색으로 물들인 여행담은 가슴에 오롯이 아로새겨져 한평생 아름다운 추억으로 남는다.

그렇더라도 여행이 모두 환상적인 것만은 아니다. 때론 그전에 해보지 못했던 험한 고생을 하기도 한다. 길 잃고 방황하거나 지갑을 도둑맞기도 한다. 누구나 한두 번은 '내가 미쳤지'를 연발하며 좌충우돌 갈팡질팡했던 경험이 있을 것이다.

그럼에도 그런 경험조차 소중하게 간직하는 건 처음 떠나는 자신만의 여행이기 때문이다. 경쟁하지 않는 자기만의 길 역시 마찬가지다. 처음 떠나는 길이기에 그 길에서 만날 색다름은 열정으로 돌아온다. 도심은 거기에 사는 이들에겐 피곤한 일터이지만 여행객에겐 낭만이 숨쉬는 쉼터이듯이, 자기만의 길에서 만나는 모든 새로움들은 세포 하나하나를 생동하게 만드는 자극으로 다가온다. 자기만의 길은 질질 끌려가던 일상에서 벗어나 열정이 넘치는 일상으로 돌아오는 길이다. 처음 가는 길이라 만나게 될 크고 작은 고생들도 인생의 뒤안길에 소중한 추억으로 남는다.

나 역시 돌이켜 보면 지난 20여 년간 경쟁하지 않는 길을 걸어왔다. 물론 그 길이 그리 평탄하지만은 않았다. 누구나 그러하겠지만, 계획대로 된 경우는 거의 없었다. 기대했던 결과 역시 대개 상상 속에 그칠 뿐이었다. 굳은 의지로 찾은 게 아니라 그저 스치듯 우연하게 만난 게 나만의 길이 되기도 했다. 그럼에도 지금까지 내 삶을 후회하지 않은 이유는 나 스스로 선택한 길이기 때문이다. 나는 항상 뭔가 새롭게 창조하는 걸 좋아했다. 상품 개발, 신사업 개척, 전략 기획 등 무에서 유를 창출하는 힘든 일만 찾아다녔다. 월급쟁이를 하든, 내 사업을 하든 언제나 동일했다. 지금의 출판 사업 역시 세상에 도움이 될 만한 콘텐츠를 내놓는 게 좋아서 시작하게 되었다. OATC에서의 업무도 마찬가지다. 회사를 하나의 작품으로 본다면 업그레이드된 작품을 만들고 있는 중이다.

그 길에서 나름 성공도 맛보았다. 물론 독특함이 성공을 안겨주는 핵심 열쇠가 되었다. 지금의 나를 있게 해 준 《경영전략전문가 조철선의 기획실무노트》가 성공한 것도 그때까진 보지 못했던 가로 판형에 파워포인트 기획서를 보는 듯이 전개한 콘텐츠의 독특함이 컸다. 물론 앞으로도 나만의 길을 묵묵히 걸어갈 계획이다.

끝으로, 이 글을 가장 먼저 읽은 아내의 질문에 대한 대답으로 마치고자 한다. 개인적인 편차가 있겠지만, 누구나 떠올릴 만한 질문이라는 생각에서다.

Q : 선의의 경쟁이라는 말도 있는데, 정말로 경쟁은 긍정적인 효과가 없을까?

A : 경쟁하지 않는 길을 주장한다고 해서 경쟁이 아무 효과가 없음을 의미하는 건 아니다. 하지만 상황이 바뀌면 전략도 바꾸어야 한다. 세상 어디에도 만병통치약은 없다. 경쟁 전략 역시 마찬가

지다. 장기 저성장으로 파이가 커지지 않는 상황에선 경쟁 전략은 점점 더 그 의미를 잃어갈 수밖에 없다. 소수의 승자만이 경쟁의 긍정적인 효과를 누릴 수 있기 때문이다.

Q : 모두가 경쟁 승리를 외치는 데 혼자서 경쟁하지 않는 길을 가는 게 그리 쉬울까?

A : 모든 일이 다 그러하듯이, 첫발을 떼기가 어렵다. 산을 오르기보다 산까지 가기가 더 힘든 법이다. 어찌 보면 경쟁하지 않는 길에서 성공한 사람들은 경쟁에서 도태되었기에 어쩔 수 없이 그 길로 갈 수밖에 없었는지 모른다. 경쟁 승리를 장담할 순 없지만 완전히 배제되지 않은 사람들로선 섣불리 경쟁을 포기할 용기가 생기지 않는 게 당연하다. 경쟁하지 않는 길을 갈 만큼 자신의 꿈이 확고하지도 않다.

경쟁하지 않는 길을 가는 게 쉽다고 말하진 않겠다. 특히 첫발을 떼는 건 정말 힘들다. 그러므로 처음엔 심각하게 접근하지 말고, 산책하듯이 편하게 나가보는 게 좋다. 쉬는 주말에 하고 싶은 일을 한번 시도해보자. 한 달에 한 번 취미 삼아 동호회 활동을 해보는 건 어떨까? 이리저리 부딪히다 보면 자신만의 길이 보이기 시작한다. 이 산 저 산 근처에 가다 보면 언젠간 오르고 싶은 산이 보이는 법이다.

Q : 경쟁하지 않는 길을 가다 실패한 이들도 많은데 성공만 비추는 건 생존자 편향의 오류 아닐까?

A : 물론 그럴 수 있다. 언제나 실패는 묻히는 법이다. 하지만 이는 경쟁하는 길 역시 마찬가지다. 지금도 매스컴에선 경쟁 승리로 화려하게 성공한 이들만 비추고 있다. 그렇다면 문제는 성공이 어느 편에 서 있는가에 달려 있다.

경쟁하지 않는 길을 강조하는 이유도 거기에 있다. 먼저 주위를 둘러 경쟁의 길에서 성공한 사람들이 얼마나 많은지 세어 보자. 명문대를 나와 대기업에서 성공가도를 달리는 이들을 보기는 쉽지 않다. 하지만 식당이나 수리점, 프리랜서 등을 하며 고수익을 올리는 보통 사람들은 주위에서 쉽게 찾아볼 수 있다.

게다가 경쟁의 길은 평범한 삶조차 누리기 힘들게 만들지만, 경쟁하지 않는 자기만의 길을 걸어가면 성공은 못하더라도 최소한 평범한 삶을 누릴 수 있다. 그렇다면 후회하지 않는 삶을 살기 위해서라도 경쟁하지 않는 길을 가야 하지 않을까?

실존주의 문학의 선구자 프란츠 카프카Franz Kafka가 말했다. "책은 우리 안의 꽁꽁 얼어붙은 바다를 깨뜨리는 도끼여야 한다." 내 글재주로는 도끼는커녕 돌멩이 하나에도 미치지 못함을 잘 알고 있다. 그래도 이 책이 우리네 삶을 옥죄는 경쟁 패러다임을 흔드는 미풍이라도 되었으면 한다.

2011년《2020 경제대국 한국의 탄생》을 쓰면서부터 천착해 온 기나긴 여정에 드디어 마침표를 찍는다. 비경쟁 전략을 경영에 접목시킨《스노우볼 마켓 전략-경쟁 우위의 종말》, 2016년 거시적인 경제 관점으로 경쟁하지 않는 길을 들여다 본《자본주의 붕괴의 서막》에 이은 마지막 3탄인 셈이다. 어쩌면 지금까지의 글쓰기 여정도 나에겐 '경쟁하지 않는 나만의 길'이었다는 생각이 든다.

브라보, 마이 라이프!

브라보, 유어 라이프!

참고 문헌

강수돌,《경쟁은 어떻게 내면화되는가》, 생각의나무, 2008
길영로,《넘버원이 아니라 온리원》, 페가수스, 2016
김병완,《독특함에 미쳐라》, 휴먼북스, 2014
김선영,《삼채총각 이야기》, 라온북, 2016
김희정,《느리게 성공하기》, 럭스미디어, 2011
나카고시 히로시,《좋아하는 일만 하며 재미있게 살 순 없을까?》, 아날로그, 2017
다치바나 다카시,《청춘 표류》, 예문, 2005
로버트 스티븐 캐플런,《나와 마주서는 용기》, 비즈니스북스, 2015
리타 군터 맥그래스,《경쟁 우위의 종말》, 경문사, 2014
마거릿 헤퍼넌,《경쟁의 배신》, 알에이치코리아, 2014
맹찬형,《따뜻한 경쟁》, 서해문집, 2012
문재인,《운명》, 북팔, 2017
새뮤얼 보울스, 허버트 긴티스,《협력하는 종》, 한국경제신문사, 2016
서명숙,《제주올레여행》, 북하우스, 2008
서상철,《무한경쟁이 대한민국을 잠식한다》, 지호출판사, 2011
알피 콘,《경쟁에 반대한다》, 산눈출판사, 2009
애덤 그랜트,《기브앤테이크》, 생각연구소, 2013
앨러나 콜렌,《10퍼센트 인간》, 시공사, 2016
오종철,《온리원》, 북퀘스트, 2013
전옥표,《착한 경쟁》, 비즈니스북스, 2015
정선주,《학력파괴자들》, 프롬북스, 2015
조지 베일런트,《행복의 조건》, 프런티어, 2010
존 하팩스,《경쟁으로부터 편안해지는 법》, 토네이도, 2008
줄리언 바지니, 안토니아 마카로,《최고가 아니면 다 실패한 삶일까》, 아날로그, 2014
하수정,《북유럽 비즈니스 산책》, 한빛비즈, 2017
한근태,《일생에 한번은 고수를 만나라》, 미래의창, 2013

전략시티는 세상에 도움이 되는 지혜를 전합니다

전략을 보는 생각
하버드가 묻는 7개의 질문에 자신 있게 답할 수 있는가?
로버트 사이먼스 지음 | 김은경 옮김 | 조철선 감수 | 15,000원

질문이 생각을 만들고, 생각이 전략을 완성한다!

이 책은 하버드 경영대학원 교수이자 최고경영자 과정 의장인 로버트 사이먼스가 최고경영자 과정과 경영대학원 수업에서 진행한 전략 강의의 핵심을 담은 책이다. 사이먼스 교수는 강의 시간에 소크라테스식 문답법을 사용하여 경영자들과 학생들을 심하게 괴롭힌다. 이런 불편한 과정을 통해 리더들에게 전략적으로 올바른 길을 보여준다. 또한 현재 리더가 아니더라도 '내가 리더라면 어떻게 할지' 리더 입장에서 고민하게 유도함으로써 유능한 전략 리더로 성장하도록 도와준다.
이 책에서도 사이먼스 교수는 수업 시간에 그랬듯이 7개의 전략 질문을 중심으로 날카로운 질문들을 던진다. 외부에서 정답을 찾으려 하지 말고, 현재의 전략을 시험대에 올려놓고 올바른 질문들을 끊임없이 던져보라고 조언한다. 하버드 전략 수업에 당신을 초대한다!

대가의 조언 저절로 탁월한 선택을 하게 해주는 실천 지침
존 해먼드, 랄프 키니, 하워드 라이파 지음 | 조철선 옮김 | 17,000원

하버드, MIT의 최고 석학들이 함께 개발한 8단계 선택의 기술

《대가의 조언》은 현대 의사 결정 이론의 체계를 정립한 세 명의 대가들이 누구나 쉽게 실행할 수 있도록 개발한 선택의 기술을 소개하는 책이다. 저자들은 지금까지 연구 결과가 너무 이론적으로만 소개되어 활용하기 어려웠다고 반성하며, 의사 결정 연구의 정수가 담긴 8단계 선택의 기술을 다양한 실생활 사례들과 함께 제시하고 있다.
현대 의사 결정 분야의 선구자로 하버드 경영대학원 명예 교수이자 케네디 스쿨 설립자 중 한 명인 하워드 라이파, 복잡한 의사 결정 분야에서 자타 공인 최고의 대가로 MIT와 USC를 거쳐 듀크 경영대학원 교수로 재직 중인 랄프 키니, 하버드 경영대학원 교수로 재직한 후 40년 넘게 의사 결정 실무 분야에서 활동한 세계적인 권위자 존 해먼드. 이 세 대가들이 당신을 현명한 선택의 길로 이끌어줄 것이다.

위너스 WINNERS 운명도 이기는 승자의 조건
알래스테어 캠벨 지음 | 정지현 옮김 | 19,000원

1등의 경험과 생각을 직접 듣는다!

토니 블레어 영국 총리의 전략 참모로 노동당 정권의 실질적인 2인자였던 알래스테어 캠벨이 각계 분야에서 세계 최고의 자리에 오른 승자들을 직접 만나 인터뷰했다. 그들이 털어놓는 생생하고 진솔한 경험담들과 승리에 대한 깊은 이해에서 나온 통찰력에, 3번 연속 총선을 승리로 이끌며 블레어 시대를 열었던 저자 자신의 경험까지 녹여 운명도 이기는 승자의 조건을 밝혀냈다.
이 책은 정상급 스포츠 스타와 일류 감독, 정치 지도자에서부터 글로벌 기업의 수장에 이르기까지 직접 만나보지 않고는 알 수 없었던 위대한 승자들의 경험담과 진심 어린 조언을 전하고 있다. 세계 최고 승자들의 내면을 들여다 볼 기회와 흥미진진한 재미도 안겨줌으로써 〈선데이 타임스〉 베스트셀러 종합 1위, 영국 아마존 베스트셀러 경영 1위에 오르는 등 독자들의 열띤 호응을 받았다.

오십, 그 새로운 시작 나는 인생 후반전을 이렇게 준비했다
이규화 지음 | 12,000원

**백 세 시대, 남은 50년은 여생이 아니라 '제2의 인생'이다.
인생 전반전을 마친 당신, 이제 어디로 가려 하는가?**

이제는 현실이 된 백세 시대, 사회적 지위의 추락, 평생 모은 재산의 상실과 함께 저자는 오십이라는 인생 전반전의 종착역을 맞았다. 모든 것을 잃어버린 최악의 상황에서 인생 후반전을 시작한 저자의 경험담과 좌충우돌하며 겪은 시행착오, 현실적인 조언을 모두 여기에 담았다. 인생 후반전을 준비하는 이라면 저자의 말에 귀 기울여 볼 필요가 있다. 모든 것을 상실한 상황에서 어떻게 시작할 수 있었는지, 어렵고도 힘든 준비 과정을 어떻게 걸어 왔는지, 자신이 저지른 실수와 시행착오에 대해 저자는 어떤 조언을 하는지 말이다.
가장 큰 실패는 아무런 행동도 하지 않는 것이라고 한다. 인생 후반전을 당당하게 보내고 싶다면, 지금이라도 당장 시작하자. 행동에 옮길 용기만 있다면, 그 미래는 현실이 될 것이다.

순환경제 시대가 온다

250년간 세계를 뒤흔들 대격변이 시작되었다!
피터 레이시, 제이콥 뤼비스트 지음 | 최경남 옮김 | 19,800원

**세계경제포럼과 함께한 글로벌 컨설팅업체 액센츄어의
심층 연구 보고서**

'채취-제조-폐기'의 선형경제 시스템이 한계에 다다른 지금, 폐기물에서 부를 창출하는 '순환경제'는 성장의 한계에 직면한 기업들에게 지속 성장의 돌파구가 되고 있다. 향후 250년간 지구촌의 글로벌 생산 및 소비 방식에서의 대변혁을 가져 올 순환경제의 비즈니스 가치는 무려 25조 달러에 달한다. 이에 세계적인 컨설팅기업인 액센츄어가 세계경제포럼과 함께 120여 기업 사례 분석과 경영진 및 전문가 심층 인터뷰, 액센츄어 고객들을 통한 경험, 경제적 분석과 모델링 등을 통해 새로운 기회를 발견하고 진정한 비즈니스 우위를 확보할 수 있는 실질적인 순환경제 실행 수단을 이 책에서 완벽하게 풀어놓았다.

경영전략전문가 조철선의 기획 실무 노트

당신의 책상 위에 놓인 단 한 권의 경영 전략 실무서
조철선 지음 | 39,800원

**전략적 사고에서 기획서 작성에 이르기까지
경영 전략 실무의 모든 것을 담은 종합 지침서**

전략적 사고에서부터 사업 전략, 마케팅, 전사 기업 전략, 기획서 작성에 이르기까지 실무 관점에서 경영 전략의 모든 것을 다룬 종합 기획 실무서. 전략 기획 분야의 스테디셀러인 《전략기획전문가 조철선의 기획 실무 노트》를 500페이지 넘게 추가하여 전면 개정 증보한 완결판으로, 전략가라면 반드시 알아야 할 전략 이론과 실무 적용 기법을 다양한 사례와 함께 도표 중심으로 일목요연하게 제시함으로써 독자들이 실무에 활용할 수 있도록 구성했다.
830페이지가 넘는 방대한 분량이지만 필요한 부분만 따로 볼 수 있도록 편집함으로써 실무 활용도도 높였다. 기획 실무자나 마케터, 조직의 리더뿐만 아니라 전략가가 되고 싶어 하는 모든 이들에게 전략 기획에서 전략적 의사 결정에 이르기까지 실질적인 도움이 되리라 확신한다.

마케팅 평가 바이블

세계 최고의 마케팅 MBA, 켈로그 경영대학원 강의
마크 제프리 지음 | 김성아 옮김 | 25,000원

미국마케팅학회가 선정한 최고의 마케팅 도서

피터 드러커는 "측정할 수 없으면 관리할 수 없고, 관리할 수 없으면 개선할 수 없다."고 말했다. 그럼에도 대부분의 기업들은 제대로 평가도 하지 않은 채 직감에 의존한 주먹구구식 마케팅을 하고 있다. 성과를 높이고 마케팅 효과를 극대화하고 싶다면 제대로 된 평가 관리가 반드시 필요한데도 말이다.
그럼 어떻게 해야 할까? 세계 최고의 마케팅 MBA인 켈로그 경영대학원이 제시하는 해답이 여기에 있다. 이 책은 마케터라면 반드시 알아야 할 15가지 필수 평가 지표와 데이터 기반 마케팅을 중심으로 체계적인 마케팅 평가 관리 방안을 설명한다. 또한 다양한 실제 사례들과 엑셀 양식을 수록함으로써 실무 활용도 높였다.

어떤 브랜드가 마음을 파고드는가

브랜드와 심리학의 만남
수잔 피스크, 크리스 말론 지음 | 장진영 옮김 | 15,000원

심리학 교수와 마케팅 전문가가 밝혀낸 브랜드의 성공 비결!

대중을 대상으로 한 일방적인 마케팅은 한계에 다다랐다. 이제 사람들의 마음을 사로잡기 위해서는 브랜드와 사람과의 상호 관계성에 주목하는 심리학적인 접근법이 필요하다. 인터넷과 SNS, 이동통신의 발달로 사람들이 브랜드와 관계를 맺을 수 있는 관계 르네상스 시대가 펼쳐졌기에 더욱 그러하다.
이 책은 프린스턴대 심리학 교수와 마케팅 전문가의 공동 연구 결과물로서 관계 르네상스 시대 급성장한 45개 브랜드들의 성공 비결을 담았다. 구체적으로 저자들은 사람들과 심리적으로 교감할 수 있는 '사람 냄새' 나는 브랜드를 창출하려면 사람들과 어떻게 관계를 맺어야 하는지, 어떻게 사람의 마음을 파고들어야 하는지 그 해답을 제시하고 있다.

차이를 만드는 조직 맥킨지가 밝혀낸 해답

스콧 켈러, 콜린 프라이스 지음 | 서영조 옮김
맥킨지 서울 사무소 감수 | 게리 하멜 서문 | 22,000원

《초우량 기업의 조건》이후 30년 만에 나온 맥킨지 최고의 걸작

세계 최고의 컨설팅 회사 맥킨지가 역사상 가장 폭넓고도 과학적인 연구를 통해 한순간의 성공에 그치지 않고 지속적으로 탁월한 성과를 창출하는 비결을 밝힌 책. 기업은 지속적으로 성장해야 한다는 것은 누구나 알지만, 어떻게 해야 그럴 수 있느냐는 질문에는 누구도 답하지 못했다.
이에 맥킨지가 축적된 컨설팅 경험과 글로벌 네트워크를 활용하여 십 년 넘게 전 세계를 대상으로 심층 조사를 수행하며 그 해답을 찾아 나섰다. 해답을 찾는 과정에서 게리 하멜 같은 최고의 경영학자들과도 협업했고, 다수의 기업들에 실제로 적용해 봄으로써 실무적으로 유용한지 검증했다. 또한 코카콜라와 P&G, 웰스 파고, ANZ, 봄바디어, GNP, 텔레포니카 등 지속 성장에 성공한 기업들의 사례도 담았다.

무엇이 조직을 움직이는가 당신이 간과하고 있는 명료함의 힘

패트릭 렌치오니 지음 | 홍기대, 박서영 옮김 | 15,000원

아마존 선정 '올해 최고의 경영 도서'

리더십의 대가 패트릭 렌치오니가 말하는 경영의 비결을 담은 책. 미국 아마존에서 '올해 최고의 경영 도서'로 선정된 것 외에 〈워싱턴포스트〉 선정 '올해의 그레이트 리더십 도서', 미국 800-CEO-READ 선정 '올해의 경영 도서 No. 1', 〈글로브앤메일〉 선정 '올해의 경영 도서 Top 10'에 오르기도 했다.
400만 독자를 열광시킨 저자는 20년 이상의 컨설팅 경험과 다양한 현장 연구를 토대로 '모두가 간과하고 있던 명료함의 힘'에 주목했다. 즉, 명료하게 경영하고 소통함으로써 구성원 모두가 공동의 목표를 향해 한마음으로 매진하는 하나의 팀을 만들 수 있다고 주장한다. 명료함이 창출되는 건강한 조직이 되기 위해 지켜야 할 4대 원칙과 실무적으로 유용한 실천 방안들을 생생한 사례들과 함께 제시하고 있다.

지혜로울자유는 전략시티의 인문·교양 전문 출판 브랜드입니다

톰 크린 위대한 탐험의 숨은 영웅

마이클 스미스 지음 | 서영조 옮김 | 16,500원

"경이적인 한 인간에 대한 경이로운 책이다."

숨과 땀까지 얼어붙을 영하 61도의 혹한, 4개월 동안 해가 뜨지 않는 어둠의 대륙에 발을 들인 한 인간에 대한 기록이 여기에 있다.
그 누구보다 남극 탐험을 많이 한 사람이자 극적인 생존 스토리의 주인공임에도 불구하고, 톰 크린은 우리에게 낯선 이름이다. 상상하기조차 힘든 극한의 상황에서 동료를 구하기 위해 썰매에 태운 채 무려 160km를 이동하고, 더 이상 이동하기 어려운 지경에 이르자 홀로 56km를 더 걸어가 구조를 요청한 일화는 경외감마저 들게 한다. 그럼에도 톰 크린의 명성이 알려지지 않은 건 그 스스로 자신을 내세우지 않았기 때문이다. 생생한 남극 탐험 역사의 한가운데 우뚝 선 남극 탐험의 진정한 영웅을 만나보자. 쉴 새 없이 다가오는 극한의 압박에도 웃음을 잃지 않고 끊임없이 전진했던 위대한 탐험의 여정에 당신을 초대한다.

전략가, 운명을 묻다 오래된 질문, 숨겨진 해답

조철선 지음 | 16,600원

당신은 자신에게 주어진 운명의 길을 알고 있는가?
운명의 존재와 그 의미를 동서양 철학에 묻다!

운명에 대한 논의는 심심풀이로 접근할 문제가 아니다. '왜 살아야 하며, 어떻게 살아야 올바른지' 근원적인 질문에 대한 해답을 찾을 수 있기 때문이다. 운명에 대해 철학자들이 그토록 고민했던 이유도 그 때문이다.
지난 20여 년간의 굴곡진 삶속에서 운명과 마주한 저자 역시 운명의 존재와 그 의미를 전략적으로 집요하게 파고들었다. 동서양 철학자에서부터 세계 3대 종교, 운명을 예지하는 여러 기법들에 이르기까지 다채로운 시각들을 조망하며, 20여 년간 끊임없이 묻고 또 물었다. 그 결과가 바로 이 책이다. 삶의 이유를 알고 싶다면, 앞으로는 제대로 된 인생을 살고 싶다면 당신도 이책을 마중물 삼아 자기 운명과 당당하게 마주해야 한다.
당신을 너울거리는 운명의 바다에 초대한다.